CLASSIQUES & CiE

Hippias Majeur

Texte intégral

Platon

Collection dirigée par
Laurence Hansen-Løve

Traduction
Victor Cousin, revue par Jean Lacoste

Analyse
Jean Lacoste
agrégé de philosophie

HATIER

HIPPIAS MAJEUR

Agrégé de philosophie, **Jean Lacoste**
a consacré sa thèse de doctorat
aux rapports entre art et science chez
Goethe ; il a publié plusieurs ouvrages
en relation avec l'esthétique :
La Philosophie de l'art, « Que sais-je ? »,
PUF, 1981 ; *Qu'est-ce que le beau ?*
« Philosophie présente », Bordas, 2003 ;
Le Voyage en Italie de Goethe,
« Perspectives germaniques »,
PUF, 1999 ; *Goethe. La Nostalgie
de la lumière*, Belin, 2007.

Conception graphique de la maquette :
c-album, Jean-Baptiste Taine, Rachel Pfleger
Principe de couverture : Double
Mise en page : Soft Office
Chronologie : Domino
Suivi éditorial : Catherine Zerdoun

© Hatier Paris, 2007
ISBN : 978-2-218-92712-6

HIPPIAS MAJEUR

(Sur le beau)

SOCRATE, HIPPIAS

[Prologue][1]

281a SOCRATE. — O sage et excellent Hippias, voilà bien longtemps que tu n'es venu pas à Athènes !

HIPPIAS. — En vérité, Socrate, je n'en ai pas eu le loisir.
Lorsque Élis[2] a quelque affaire à traiter avec une autre cité,
elle s'adresse toujours à moi de préférence à tout autre
citoyen, et me choisit comme ambassadeur, persuadée que
personne n'est plus capable de bien juger, et de lui faire
un rapport fidèle des choses qui lui sont dites de la part de
b   chaque ville. J'ai donc été souvent député en différentes
villes, mais le plus souvent à Lacédémone, et pour un plus
grand nombre d'affaires très importantes. C'est pour cette
raison, puisque tu veux le savoir, que je viens rarement en
ces lieux.

SOCRATE. — Voilà ce que c'est, Hippias, d'être un homme
vraiment sage et accompli ; car d'abord tu es capable, comme
homme privé, de procurer aux jeunes gens des avantages
bien autrement précieux que l'argent qu'ils te donnent en
c   grande quantité ; et ensuite, comme citoyen, tu peux rendre
à ta patrie de ces services capables de tirer un homme de

---

1. Les sous-titres entre crochets ont été ajoutés pour cette édition. \ **2.** Élis, cité du nord-
ouest du Péloponnèse, capitale de l'Élide.

la foule anonyme, et de lui acquérir de la renommée. Cependant, Hippias, quelle peut être la cause pour laquelle ces anciens, dont les noms sont si célèbres pour leur sagesse[1], un Pittacos, un Bias, un Thalès de Milet, et ceux qui sont venus depuis, jusqu'à Anaxagore[2], se sont tous ou presque tenus éloignés des affaires publiques ?

d HIPPIAS. — Quelle autre raison, Socrate, penses-tu qu'on puisse alléguer si ce n'est leur impuissance à embrasser à la fois les affaires de l'État et celles des particuliers ?

SOCRATE. — Quoi donc ! par Zeus ! est-ce que, comme les autres arts se sont perfectionnés, et que les artisans du temps passé sont des ignorants auprès de ceux d'aujourd'hui, nous dirons aussi que votre art, à vous autres sophistes, a fait les mêmes progrès, et que ceux des anciens qui s'appliquaient à la sagesse n'étaient rien en comparaison de vous ?

HIPPIAS. — Rien n'est plus vrai.

SOCRATE. — Ainsi, Hippias, si Bias revenait maintenant au 282a monde, il paraîtrait ridicule auprès de vous, à peu près comme les sculpteurs disent que Dédale[3] se ferait moquer, si, de nos jours, il faisait des ouvrages tels que ceux qui lui ont acquis tant de célébrité.

HIPPIAS. — Au fond, Socrate, la chose est comme tu dis ; cependant, j'ai coutume de louer les anciens et nos devanciers plus que les sages de ce temps, car si je me méfie de

---

1. Il s'agit des Sept Sages, dont le *Protagoras* dit qu'ils étaient tous des «disciples de la culture lacédémonienne », c'est-à-dire de Sparte (343a). Contrairement à ce que dit Socrate, ces sages ne se sont pas tenus à l'écart de la vie publique. \ 2. Philosophe et biologiste grec (500-428 av. J.-C.), qui fut banni d'Athènes pour des raisons religieuses. Socrate critique dans le *Phédon* (97c) sa théorie matérialiste de l'intelligence. \ 3. Architecte et sculpteur légendaire d'Athènes qui aurait construit le Labyrinthe de Cnossos, en Crète. Dans *La République* (529e) et le *Ménon* (87d), Socrate fait l'éloge de Dédale, ce qui prouve l'ironie du propos ici.

la jalousie des vivants, je redoute aussi l'indignation des morts.

b SOCRATE. — C'est fort bien pensé et raisonné, Hippias, à ce qu'il me semble. Et je puis aussi te rendre témoignage que tu dis vrai, et que votre art s'est réellement perfectionné dans la façon de joindre l'administration des affaires publiques à celle des affaires particulières. En effet, le fameux Gorgias[1], sophiste de Léontium, est venu ici avec le titre d'envoyé de sa ville, comme le plus capable de tous les Léontins de traiter les affaires d'État. Il s'est fait beaucoup d'honneur en public par son éloquence ; et, dans le particulier, en donnant des leçons et en conversant avec les jeunes gens, il a amassé et emporté de grosses sommes d'ar-

c gent de cette ville. Veux-tu un autre exemple ? Notre ami Prodicos a souvent été député par ses concitoyens auprès de beaucoup de villes, et, en dernier lieu, étant venu, il y a peu de temps, de Céos[2] à Athènes, il a parlé devant le Conseil[3] avec de grands applaudissements ; et donnant chez lui des leçons et s'entretenant avec notre jeunesse, il en a tiré des sommes prodigieuses. Parmi les anciens sages, aucun n'a cru devoir exiger de l'argent pour prix de ses leçons, ni faire montre de son savoir devant toutes sortes

d de personnes, tant ils étaient simples, et savaient peu le mérite de l'argent. Mais les deux sophistes que je viens de nommer ont plus gagné d'argent avec leur sagesse qu'aucun artisan n'en a retiré de quelque art que ce soit ; et Protagoras, avant eux, avait fait la même chose.

---

1. Sur les sophistes Gorgias, Prodicos et Protagoras, voir la partie de l'introduction consacrée à Hippias (*cf.* p. 61). \ 2. Céos est une île des Cyclades, proche d'Athènes. \ 3. Le Conseil des Cinq Cents *(Boulê)* préparait le travail législatif de l'assemblée du peuple *(Ecclésia)* et contrôlait les magistrats.

HIPPIAS. — Je vois bien, Socrate, que tu ne saisis pas ce qui fait la valeur de notre profession : si tu savais combien elle m'a valu d'argent, tu en serais étonné ; pour ne point parler du reste, je suis un jour allé en Sicile alors que Protagoras s'y trouvait et y jouissait d'une grande réputation, et quoiqu'il eût déjà un certain âge et que je fusse beaucoup plus jeune que lui, j'amassais en fort peu de temps plus de cent cinquante mines[1], et plus de vingt mines d'un seul petit endroit qu'on appelle Inycos. De retour chez moi, je donnai cette somme à mon père, qui en fut surpris et frappé ainsi que nos autres concitoyens ; et je crois avoir gagné seul plus d'argent que deux autres sophistes ensemble, quels qu'ils puissent être.

SOCRATE. — En vérité, Hippias, voilà une belle et grande preuve de ta sagesse, de celle des hommes de notre siècle, et de leur supériorité à cet égard sur les anciens. Il faut convenir, d'après ce que tu dis, que l'ignorance de vos devanciers était extrême, puisqu'on rapporte qu'il est arrivé à Anaxagore lui-même tout le contraire de ce qui vous arrive. Ses parents lui ayant laissé de grands biens, il les négligea et les laissa périr entièrement, tant sa sagesse était insensée. On raconte des anecdotes à peu près semblables d'autres sages anciens. Il me paraît donc que c'est là une marque bien claire de l'avantage que vous avez sur eux pour ce qui est de la sagesse. C'est aussi le sentiment commun, qu'il faut que la sagesse serve principalement au sage lui-même ; et la fin d'une pareille sagesse est d'amasser le plus d'argent que l'on peut. Mais en voilà assez là-dessus. Dis-moi encore une chose : de toutes les villes où tu as été, quelle est celle dont tu as rapporté de plus grosses sommes ? Il ne faut pas le demander ; c'est

---

1. Monnaie d'argent valant cent drachmes. Dix mines d'argent font une mine d'or.

sans doute Lacédémone, où tu es allé plus que partout ailleurs.

HIPPIAS. — Non, par Zeus, Socrate.

SOCRATE. — Que dis-tu là ? Est-ce de cette ville que tu aurais tiré le moins d'argent ?

c HIPPIAS. — Je n'en ai jamais tiré une obole.

SOCRATE. — Voilà une chose bien étrange et qui tient du prodige, Hippias. Dis-moi, je te prie, n'aurais-tu point assez de sagesse pour rendre plus vertueux ceux qui la pratiquent et prennent tes leçons ?

HIPPIAS. — J'en ai de reste pour cela, Socrate.

SOCRATE. — Est-ce donc que tu étais capable de rendre meilleurs les enfants des Inyciens[1], et que tu ne pouvais en faire autant des enfants des Spartiates ?

HIPPIAS. — Il s'en faut de beaucoup.

SOCRATE. — C'est, apparemment, que les Siciliens ont le désir de devenir meilleurs et que les Lacédémoniens ne s'en soucient pas.

d HIPPIAS. — Au contraire, Socrate, les Lacédémoniens n'ont rien plus à cœur.

SOCRATE. — Auraient-ils par hasard fui ton commerce, faute d'argent ?

HIPPIAS. — Nullement ; ils en ont en abondance.

SOCRATE. — Puisque les Lacédémoniens désirent devenir meilleurs, qu'ils ont de l'argent, et que tu peux leur être infiniment utile à cet égard, pourquoi donc ne t'ont-ils pas renvoyé chargé d'argent ? Cela ne viendrait-il point de ce que les Lacédémoniens élèvent mieux leurs enfants que tu ne ferais ? Est-ce là ce que nous dirons, et en conviens-tu ?

e HIPPIAS. — J'en suis bien éloigné.

---

1. Les Inyciens sont les habitants d'Inycos, la cité obscure dont il est question plus haut.

SOCRATE. — N'es-tu donc pas parvenu à convaincre les jeunes gens de Lacédémone qu'en s'attachant à toi ils avanceraient plus dans la vertu qu'auprès de leurs parents ? ou bien n'as-tu pu mettre dans l'esprit de leurs pères que, pour peu qu'ils prissent intérêt à leurs enfants, ils devaient t'en confier l'éducation, plutôt que de s'en charger eux-mêmes ? Sans doute ne refusaient-ils pas à leurs enfants le bonheur de devenir aussi vertueux qu'il est possible.

HIPPIAS. — Non, je ne le pense pas.

SOCRATE. — Lacédémone est pourtant une ville bien policée.

HIPPIAS. — Sans contredit.

284a SOCRATE. — Mais, dans les villes bien policées, la vertu est ce qu'on estime le plus.

HIPPIAS. — Assurément.

SOCRATE. — Or, personne au monde n'est plus capable que toi de l'enseigner aux autres.

HIPPIAS. — Personne, Socrate.

SOCRATE. — Celui qui saurait parfaitement apprendre à monter à cheval ne serait-il pas considéré en Thessalie plus qu'en nul autre endroit de la Grèce ? Et n'est-ce pas là qu'il amasserait le plus d'argent, ainsi que partout où l'on aurait de l'ardeur pour cet exercice ?

HIPPIAS. — C'est probable.

SOCRATE. — Et un homme capable de donner les enseignements les plus propres à conduire à la vertu ne serait point honoré à Lacédémone, et dans toute autre ville grecque b gouvernée par de bonnes lois ? N'en retirerait-il pas, s'il le veut, plus d'argent que de nulle autre part ? Et crois-tu, mon cher, qu'il ferait plutôt fortune en Sicile et à Inycos ? Te croirai-je en cela, Hippias ? Car si tu l'ordonnes, il faudra bien te croire.

HIPPIAS. — Ce n'est point, Socrate, l'usage à Lacédémone de toucher aux lois, ni de donner aux enfants une autre éducation que celle qui est établie.

SOCRATE. — Comment dis-tu ? La coutume n'est point, à
c   Lacédémone, d'agir sagement, mais de faire des fautes ?

HIPPIAS. — Ce n'est pas ce que je veux dire, Socrate.

SOCRATE. — N'agiraient-ils donc pas sagement s'ils donnaient
à leurs enfants une éducation meilleure, au lieu d'une moins
bonne ?

HIPPIAS. — J'en conviens ; mais la loi ne permet pas chez eux
d'élever les enfants suivant une méthode étrangère. Sans
cela, je puis te garantir que, si quelqu'un avait jamais reçu
de l'argent à Lacédémone pour former la jeunesse, j'en
aurais reçu plus que personne, car ils se plaisent à m'entendre et m'applaudissent. Mais, comme je viens de dire,
la loi est contre moi.

d   SOCRATE. — Par la loi, Hippias, entends-tu ce qui est nuisible
ou salutaire à une ville ?

HIPPIAS. — On ne fait des lois, ce me semble, qu'en vue de
leur utilité ; mais elles nuisent quelquefois quand elles sont
mal faites.

SOCRATE. — Quoi ! les législateurs, en faisant des lois, ne les
font-ils point pour le plus grand bien de l'État ? Et sans
cela n'est-il pas impossible qu'un État soit bien policé ?

HIPPIAS. — Tu as raison.

SOCRATE. — Lors donc que ceux qui entreprennent de faire
des lois en manquent le but, qui est le bien, ils manquent
ce qui est légitime et la loi elle-même. Qu'en penses-tu ?

e   HIPPIAS. — À prendre la chose à la rigueur, Socrate, cela est
vrai ; mais les hommes n'ont point coutume de l'entendre
ainsi.

SOCRATE. — De qui parles-tu, Hippias ? des hommes instruits,
ou des ignorants ?

HIPPIAS. — Du grand nombre.

SOCRATE. — Mais ce grand nombre connaît-il la vérité ?

HIPPIAS. — Pas du tout.

SOCRATE. — Ceux qui la connaissent regardent sans doute ce qui est utile comme plus légitime en soi et pour tous les hommes que ce qui est moins utile. Ne l'accordes-tu pas ?

HIPPIAS. — Oui, plus légitime, je te l'accorde, à prendre les choses selon la stricte vérité.

SOCRATE. — Et les choses sont en effet comme les personnes instruites les conçoivent ?

HIPPIAS. — Oui.

285a SOCRATE. — Or, il est plus utile, à ce que tu dis, pour les Lacédémoniens, d'être élevés selon ton plan d'éducation, quoiqu'il leur soit étranger, que suivant le plan reçu chez eux.

HIPPIAS. — Et je dis vrai.

SOCRATE. — N'avoues-tu pas aussi, Hippias, que ce qui est le plus utile est le plus légitime ?

HIPPIAS. — J'en suis convenu en effet.

SOCRATE. — Donc, selon tes principes, il est plus légitime pour les enfants de Lacédémone d'être élevés par Hippias, et moins légitime d'être élevés par leurs parents, si réellement ton éducation doit leur être plus utile.

HIPPIAS. — Elle le serait, Socrate.

b SOCRATE. — Ainsi les Lacédémoniens pèchent-ils contre la loi lorsqu'ils refusent de te donner de l'argent et de te confier leurs enfants.

HIPPIAS. — Je te l'accorde ; aussi bien il me paraît que tu parles pour moi, et j'aurais tort de te contredire.

SOCRATE. — Voilà donc, mon cher ami, les Lacédémoniens accusés de violer la loi, et cela sur les objets les plus importants, eux qui passent pour le mieux policé de tous les peuples. Mais, au nom des dieux, Hippias, en quelle occasion t'applaudissent-ils et t'écoutent-ils avec plaisir ? Est-ce apparemment quand tu leur parles du cours des astres

c et des révolutions célestes, toutes choses que tu connais mieux que personne ?

HIPPIAS. — Point du tout : ils ne peuvent supporter ces sciences.

SOCRATE. — Est-ce donc sur la géométrie qu'ils aiment à t'entendre discourir ?

HIPPIAS. — Nullement : la plupart d'entre eux ne savent pas même compter, pour ainsi dire.

SOCRATE. — Par conséquent, il s'en faut qu'ils t'écoutent volontiers, quand tu expliques l'art du calcul.

HIPPIAS. — Certes, il s'en faut.

SOCRATE. — C'est sans doute sur les choses qu'aucun homme n'a distinguées avec plus de précision que toi, la valeur des lettres et des syllabes, des harmonies et des mesures.

HIPPIAS. — De quelles harmonies, mon cher, et de quelles lettres parles-tu ?

SOCRATE. — Sur quoi donc se plaisent-ils à t'entendre et t'applaudissent-ils ? Dis-le-moi toi-même, puisque je ne saurais le deviner.

HIPPIAS. — Lorsque je leur parle, Socrate, de la généalogie des héros et des grands hommes, de l'origine des villes, et de la manière dont elles ont été fondées dans les premiers temps, et en général de toute l'histoire ancienne, c'est alors qu'ils m'écoutent avec le plus grand plaisir ; de façon que, pour les satisfaire, j'ai été obligé d'étudier et d'apprendre avec soin tout cela.

SOCRATE. — En vérité, Hippias, tu es heureux que les Lacédémoniens ne prennent pas plaisir à entendre nommer de suite tous nos archontes depuis Solon[1] ; sans quoi tu aurais pris bien de la peine à te mettre tous ces noms dans la tête.

HIPPIAS – Quelle peine, Socrate ? Je n'ai qu'à entendre une seule fois cinquante noms, je les répéterai par cœur.

---

1. Solon, élu archonte en 594 av. J.-C., fut le fondateur de la démocratie athénienne. Les archontes étaient les plus hauts magistrats d'Athènes.

SOCRATE. — Tu dis vrai : je ne faisais pas attention que tu possèdes l'art de la mnémonique[1]. Je conçois donc que c'est avec beaucoup de raison que les Lacédémoniens se plaisent à tes discours, toi qui sais tant de choses, et qu'ils s'adressent à toi, comme les enfants aux vieilles femmes, pour leur faire des contes divertissants.

286a

HIPPIAS – Je t'assure, Socrate, que je m'y suis fait dernièrement beaucoup d'honneur, en exposant quelles sont les belles occupations auxquelles un jeune homme doit s'appliquer ; car j'ai composé là-dessus un fort beau discours, écrit avec le plus grand soin. En voici le sujet et le commencement. Je suppose qu'après la prise de Troie, Néoptolème, s'adressant à Nestor[2], lui demande quels sont les beaux exercices qu'un jeune homme doit cultiver pour rendre son nom célèbre. Nestor, après cela, prend la parole, et lui propose nombre d'activités tout à fait belles. J'ai lu ce discours en public à Lacédémone, et je dois le lire ici dans trois jours à l'école de Phidostrate, avec beaucoup d'autres morceaux qui méritent d'être entendus : je m'y suis engagé à la prière d'Eudicos, fils d'Apémantos[3]. Tu me feras plaisir de t'y rendre, et d'amener avec toi d'autres personnes en état d'en juger.

b

c

[Les trois exemples d'Hippias]

SOCRATE. — Cela sera, s'il plaît à Dieu, Hippias. Pour le présent, réponds à une petite question à ce sujet, et que tu m'as rappelée à l'esprit fort à propos. Il n'y a pas longtemps, mon cher ami, que, causant avec quelqu'un, et blâmant certaines choses comme laides, et en approuvant

1. La mnémonique est l'art de la mémoire (*Hippias mineur*, 368d), *cf.* Bibliographie, J.-P. Vernant, tome I, p. 106. \ 2. Nestor est, dans *L'Iliade*, l'image même du sage vieillard. Néoptolème est le fils d'Achille. \ 3. C'est sans doute l'hôte d'Hippias à Athènes.

d d'autres comme belles, il m'a jeté dans un grand embarras par ses questions impertinentes. « Socrate, m'a-t-il dit, d'où connais-tu donc les belles choses et les laides ? Voyons un peu : pourrais-tu me dire ce que c'est que le beau ? » Moi, je fus assez sot pour demeurer interdit, et je ne sus quelle bonne réponse lui faire. Au sortir de cet entretien, je me suis mis en colère contre moi-même, me reprochant mon ignorance, et me suis bien promis que par le premier d'entre vous, les sages, que je rencontrerais, je me ferais instruire, et qu'après m'être bien exercé, j'irais retrouver mon homme et argumenter de nouveau avec lui. Ainsi, tu viens, comme je disais, fort à propos.

e Enseigne-moi à fond, je te prie, ce que c'est que le beau, et tâche de me répondre avec la plus grande précision, de peur que cet homme ne me confonde de nouveau, et que je ne me rende ridicule pour la seconde fois. Car sans doute tu sais tout cela parfaitement ; et, parmi tant de connaissances que tu possèdes, celle-ci est apparemment une des moindres.

HIPPIAS. — Oui, Socrate, une des moindres ; ce n'est rien en vérité.

SOCRATE. — Tant mieux, je l'apprendrai facilement, et personne désormais ne se moquera de moi.

HIPPIAS. — Personne, j'en réponds. Ma profession, sans cela, 287a n'aurait rien que de commun et de méprisable.

SOCRATE. — Par Héra, tu m'annonces une bonne nouvelle, Hippias, s'il est vrai que nous puissions venir à bout de cet homme. Mais ne te gênerai-je pas si, jouant ici son rôle, j'attaque tes discours à mesure que tu répondras, afin de m'exercer davantage ? Car je m'entends assez à faire des objections ; et, si cela t'est indifférent, je veux te proposer mes difficultés, pour être plus ferme dans ce que tu m'apprendras.

HIPPIAS. — Argumente, j'y consens : aussi bien, comme je t'ai dit, cette question n'est pas d'importance et je te

b mettrais en état d'en résoudre de bien plus difficiles, de façon qu'aucun homme ne pourrait te réfuter.

SOCRATE. — Tu me charmes, en vérité. Allons ! puisque tu le veux bien, je vais me mettre à sa place, et tâcher de t'interroger. Car si tu récitais en sa présence ce discours que tu as, dis-tu, composé sur les belles occupations, après l'avoir entendu, et au moment que tu cesserais de parler, il ne manquerait pas de t'interroger avant toutes choses sur le beau (car telle est sa manie), et il te dirait : « Étranger

c d'Élis, n'est-ce point par la justice que les justes sont justes ? » Réponds, Hippias, comme si c'était lui qui te fît cette demande.

HIPPIAS. — Je réponds que c'est par la justice.

SOCRATE. — La justice n'est-elle pas quelque chose de réel ?

HIPPIAS. — Sans doute.

SOCRATE. — N'est-ce point aussi par la sagesse que les sages sont sages, et par le bien que tout ce qui est bien est bien ?

HIPPIAS. — Assurément.

SOCRATE. — Cette sagesse et ce bien sont des réalités, car il n'y aurait, sinon, rien de tout cela ?

HIPPIAS. — Ce sont des réalités.

SOCRATE. — Toutes les belles choses pareillement ne sont-elles point belles par le beau ?

d HIPPIAS. — Oui. Par le beau.

SOCRATE. — Ce beau est aussi quelque chose de réel, sans doute !

HIPPIAS. — Certainement. Comment pourrait-il en être autrement ?

SOCRATE. — Étranger, poursuivra-t-il, dis-moi donc ce que c'est que le beau.

HIPPIAS. — Celui qui pose cette question, Socrate, veut-il qu'on lui apprenne ce qui est beau ?

SOCRATE. — Ce n'est pas là ce qu'il demande, ce me semble, Hippias, mais ce que c'est que le beau.

HIPPIAS. — Et quelle différence y a-t-il entre ces deux questions ?

SOCRATE. — N'en vois-tu pas ?

HIPPIAS. — Non, je n'en vois aucune.

SOCRATE. — Il est évident que tu en sais davantage que moi. Cependant fais attention, mon cher. Il te demande, non pas ce qui est beau, mais ce que c'est que le beau.

e

[Une belle jeune fille] 1ere définitions

HIPPIAS. — Je comprends, mon cher ami : je vais lui dire ce que c'est que le beau, et il n'aura rien à répliquer. Tu sauras donc, puisqu'il faut te dire la vérité, que le beau, c'est une belle jeune fille.

SOCRATE. — Par le chien, Hippias, voilà une belle et brillante réponse. Si je réponds ainsi, aurai-je répondu, et répondu juste à la question, et n'aura-t-on rien à répliquer ?

288a

HIPPIAS. — Comment le ferait-on, Socrate, puisque tout le monde pense de même, et que ceux qui entendront ta réponse te rendront tous témoignage qu'elle est bonne ?

SOCRATE. — Admettons… Mais permets, Hippias, que je reprenne ce que tu viens de dire. Cet homme m'interrogera à peu près de cette manière : « Socrate, réponds-moi : toutes les choses que tu appelles belles ne sont-elles pas belles, parce qu'il y a quelque chose de beau par soi-même ? » Et moi, je lui répondrai que, si une jeune fille est belle, c'est qu'il existe quelque chose qui donne leur beauté aux belles choses.

b HIPPIAS. — Crois-tu qu'il entreprenne après cela de te prouver que ce que tu donnes pour beau ne l'est point ; ou s'il l'entreprend, qu'il ne se couvrira pas de ridicule ?

SOCRATE. — Je suis bien sûr, mon cher, qu'il l'entreprendra ; mais s'il se rend ridicule par là, c'est ce que la chose elle-même fera voir. Je veux néanmoins te faire part de ce qu'il me dira.

HIPPIAS. — Voyons.

SOCRATE. — « Que tu es plaisant, Socrate ! me dira-t-il. Une belle jument n'est-elle pas quelque chose de beau, puisque Apollon lui-même l'a vantée dans un de ses oracles ? » Que répondrons-nous, Hippias ? N'accorderons-nous pas qu'une

c cavale est quelque chose de beau, je veux dire une cavale qui soit belle ? Car, comment oser soutenir que ce qui est beau n'est pas beau ?

HIPPIAS. — Tu dis vrai, Socrate, et le dieu a très bien parlé. En effet, nous avons chez nous des cavales parfaitement belles.

SOCRATE. — « Fort bien, dira-t-il. Mais quoi ! une belle lyre n'est-elle pas quelque chose de beau ? » En conviendrons-nous, Hippias ?

HIPPIAS – Oui.

SOCRATE. — Cet homme me dira après cela, j'en suis à peu près sûr, je connais son humeur : « Quoi donc, mon cher ami, une belle marmite n'est-elle pas quelque chose de beau ? »

HIPPIAS. — Quel homme est-ce donc là, Socrate ? Qu'il est

d malappris d'oser employer des termes si bas dans un sujet si noble !

SOCRATE. — Il est ainsi fait, Hippias. Il ne faut point chercher en lui de politesse ; c'est un homme grossier, qui ne se soucie que de la vérité. Il faut pourtant lui répondre, et je vais dire le premier mon avis. Si une marmite est faite par un habile potier ; si elle est unie, ronde et bien cuite, comme sont quelques-unes de ces belles marmites à deux anses, qui tiennent six mesures, et sont faites au tour ; si c'est d'une pareille marmite qu'il veut parler, il faut avouer qu'elle est belle. Car comment refuser la beauté à ce qui e est beau ?

HIPPIAS. — Cela ne se peut, Socrate.

SOCRATE. — « Une belle marmite est-elle donc aussi quelque chose de beau ? » dira-t-il. Réponds.

HIPPIAS – Mais, oui, Socrate, je le crois. Cet objet, à la vérité, est beau quand il est bien travaillé ; mais tout ce qui est de ce genre ne mérite pas d'être appelé beau, si tu le compares avec une belle cavale, une belle fille, et toutes les autres belles choses.

289a SOCRATE. — À la bonne heure. Je comprends maintenant comment il nous faut répondre à celui qui nous fait ces questions. « Mon ami, lui dirons-nous, ignores-tu combien est vrai le mot d'Héraclite[1], que le plus beau des singes est laid si on le compare à l'espèce humaine ? De même la plus belle des marmites, comparée avec l'espèce des jeunes filles, est laide, comme dit le sage Hippias. » N'est-ce pas là ce que nous lui répondrons, Hippias ?

HIPPIAS. — Oui, Socrate, c'est très bien répondu.

SOCRATE. — Un peu de patience, je te prie ; voici à coup sûr ce qu'il ajoutera : « Quoi, Socrate ! n'arrivera-t-il pas aux jeunes filles, si on les compare avec des déesses, la même b chose qu'aux marmites si on les compare avec des jeunes filles ? La plus belle jeune fille ne paraîtra-t-elle pas laide en comparaison ? Et n'est-ce pas aussi ce que dit Héraclite,

---

1. Héraclite d'Éphèse (576-490 av. J.-C.) a été le philosophe du devenir universel de la coexistence des contraires. La formule d'Héraclite (n° 82) est complétée par le fragment suivant : « Le plus sage des hommes sera comme un singe devant dieu, pour la sagesse, pour la beauté, pour tout » (n° 83).

que tu cites : l'homme le plus sage ne paraîtra qu'un singe vis-à-vis de Dieu, pour la sagesse, la beauté et tout le reste ? » Accorderons-nous, Hippias, que la plus belle jeune fille est laide, comparée aux déesses ?

HIPPIAS. — Qui pourrait le contester, Socrate ?

c SOCRATE. — Si nous lui faisons cet aveu, il se mettra à rire, et me dira : « Socrate, te rappelles-tu la question que je t'ai faite ? » Oui, répondrai-je ; tu m'as demandé ce que c'est que le beau. « Et puis, reprendra-t-il, étant interrogé sur le beau, tu me donnes pour belle une chose qui, de ton propre aveu, n'est pas plus belle que laide ? » Je serai forcé d'en convenir. Ou que me conseilles-tu, mon cher ami, de lui répondre ?

HIPPIAS. — Réponds comme tu l'as fait. Il a raison de dire que l'espèce humaine n'est pas belle en comparaison des dieux.

d SOCRATE. — « Mais, poursuivra-t-il, si je t'avais demandé, au commencement, qu'est-ce qui est en même temps beau et laid, la réponse que tu viens de me faire eût été juste. Cependant, te semble-t-il encore que le beau par soi-même, qui orne et rend belles toutes les autres choses du moment qu'il vient s'y ajouter, soit une jeune fille, une cavale ou une lyre ? »

[L'or]   2ᵉ définition.

HIPPIAS. — Si c'est là, Socrate, ce qu'il veut savoir, rien n'est plus aisé que de lui dire ce que c'est que ce beau qui sert d'ornement à tout le reste, et dont la présence embellit
e toutes choses. Cet homme, à ce que je vois, est un imbé- cile, qui ne s'y connaît pas du tout en belles choses. Tu n'as qu'à lui répondre : ce beau que tu me demandes n'est autre que l'or ; il sera bien embarrassé, et ne trouvera rien à te

répliquer ; car nous savons tous qu'un objet, même laid par nature, auquel l'or vient s'ajouter, en est embelli et paré.

SOCRATE. — Tu ne connais pas l'homme, Hippias ; tu ignores jusqu'à quel point il est difficile, et combien il a de peine à se rendre à ce qu'on lui dit.

HIPPIAS. — Qu'est-ce que cela fait, Socrate ? Il faut, bon gré 290a mal gré, qu'il se rende à une raison quand elle est bonne, ou, sinon, qu'il se couvre de ridicule.

SOCRATE. — Hé bien ! mon cher, bien loin de se rendre à cette réponse, il s'en moquera et me dira : « Insensé que tu es, penses-tu que Phidias fût un mauvais artiste ? » Bien au contraire, lui répondrai-je, ce me semble.

HIPPIAS. — Et tu auras raison.

SOCRATE. — Je le crois. Mais, lorsque j'aurai reconnu que Phidias est un habile sculpteur, mon homme répondra : b « Quoi donc ! Phidias[1], à ton avis, n'avait-il nulle idée de ce beau dont tu parles ? » Pourquoi ? lui dirai-je. « C'est, continuera-t-il, parce qu'il n'a point fait d'or les yeux de son Athéna, ni son visage, ni ses pieds, ni ses mains, bien que tout cela en or dût paraître très beau, mais d'ivoire. Il est évident qu'il n'a commis cette faute que par ignorance, ne sachant pas que c'est l'or qui embellit toutes les choses auxquelles on l'ajoute. » Lorsqu'il nous parlera de la sorte, que lui répondrons-nous, Hippias ?

HIPPIAS. — Cela n'est pas difficile. Nous lui dirons que Phidias c a bien fait, car l'ivoire est beau aussi, je pense.

SOCRATE. — « Pourquoi donc, répliquera-t-il, Phidias n'a-t-il pas fait de même les pupilles en ivoire, mais dans une

---

1. Grand sculpteur athénien (490-430 av. J.-C.), de l'époque de Périclès. Socrate fait allusion à la statue « chryséléphantine » (d'or et d'ivoire) d'Athéna qui se trouvait dans le Parthénon.

pierre précieuse, après avoir cherché celle qui va le mieux avec l'ivoire ? Est-ce qu'un beau marbre est aussi une belle chose ? » Le dirons-nous, Hippias ?

HIPPIAS. — Oui, lorsqu'il convient.

SOCRATE. — Et lorsqu'il ne convient pas, accorderai-je ou non qu'il est laid ?

HIPPIAS. — Accorde-le, lorsqu'il ne convient pas.

d SOCRATE. — « Mais quoi ! me dira-t-il, ô habile homme que tu es ! L'ivoire et l'or n'enlaidissent-ils point celles auxquelles ils ne conviennent pas ? » Nierons-nous qu'il ait raison, ou l'avouerons-nous ?

HIPPIAS. — Nous avouerons que ce qui convient à chaque chose la fait belle.

SOCRATE. — « Quand on fait bouillir, dira-t-il, cette belle marmite, dont nous parlions tout à l'heure, pleine d'une belle purée de légumes, quelle cuillère convient à cette marmite ? une d'or, ou de bois de figuier ? »

HIPPIAS. — Par Héraclès ! quelle espèce d'homme est-ce donc
e là, Socrate ? Ne veux-tu pas me dire qui c'est ?

SOCRATE. — Quand je te dirais son nom, tu ne le connaîtrais pas.

HIPPIAS. — Je sais du moins dès à présent que c'est un homme sans éducation.

SOCRATE. — C'est un questionneur insupportable, Hippias. Que lui répondrons-nous, cependant, et laquelle de ces deux cuillères dirons-nous qui convient mieux à la purée et à la marmite ? N'est-il pas évident que c'est celle de figuier ? Car elle donne une meilleure odeur à la purée ; d'ailleurs, mon cher, il n'est point à craindre qu'elle casse la marmite, que la purée se répande, que le feu s'éteigne, et que les convives soient privés d'un excellent mets : accidents auxquels la cuillère d'or nous exposerait ; en sorte que nous devons dire, selon moi, que la cuillère de figuier

291a convient mieux que celle d'or, à moins que tu ne sois d'un autre avis.

HIPPIAS. — Elle convient mieux en effet, Socrate. Je t'avouerai pourtant que je ne daignerais pas répondre à un homme qui me ferait de pareilles questions.

SOCRATE. — Tu aurais raison, mon cher ami. Il ne te conviendrait pas d'entendre des termes aussi vulgaires, richement vêtu comme tu es, chaussé élégamment, et renommé chez les Grecs pour ta sagesse ; mais pour moi, je ne risque rien

b à converser avec ce grossier personnage. Instruis-moi donc auparavant, et réponds, pour l'amour de moi. « Si la cuillère de figuier, dira-t-il, convient mieux que celle d'or, n'est-il pas vrai qu'elle est plus belle, puisque tu as admis, Socrate, que ce qui convient est plus beau que ce qui ne convient pas ? » Avouerons-nous, Hippias, que la cuillère de figuier est plus belle que celle d'or ?

HIPPIAS. — Veux-tu, Socrate, que je t'apprenne une définition du beau, avec laquelle tu couperas court à toutes les questions de cet homme ?

c SOCRATE. — De tout mon cœur ; mais dis-moi auparavant : des deux cuillères dont je parlais à l'instant, quelle est celle que je lui donnerai pour la plus convenable et la plus belle ?

HIPPIAS. — Hé bien, réponds-lui, si tu le veux, que c'est celle de figuier.

SOCRATE. — Dis maintenant ce que tu voulais dire tout à l'heure. Car pour ta précédente définition, que le beau est la même chose que l'or, il est aisé de la réfuter et de prouver que l'or n'est pas plus beau qu'un morceau de bois de figuier. Voyons donc ta nouvelle définition du beau.

d HIPPIAS. — Tu vas l'entendre. Il me paraît que tu cherches une beauté telle que jamais et en aucun lieu elle ne paraisse laide à personne.

SOCRATE. — C'est cela même, Hippias : tu conçois fort bien ma pensée.

HIPPIAS. — Écoute donc ; car si on a un seul mot à répliquer à ceci, dis hardiment que je n'y entends rien.

SOCRATE. — Dis au plus vite, au nom des dieux.

[Une vie heureuse] 3ᵉ définition

HIPPIAS. — Je dis donc qu'en tout temps, en tous lieux, et pour tout homme, c'est une très belle chose d'avoir des richesses, de la santé, de la considération parmi les Grecs, de parvenir à la vieillesse, et, après avoir rendu honorablement les derniers devoirs aux auteurs de ses jours, d'être conduit au tombeau par ses descendants avec le même apparat et la même magnificence.

SOCRATE. — Oh, oh, Hippias ! que cette réponse est admirable ! qu'elle est grande et digne de toi ! Par Héraclès, j'admire avec quelle bonté tu fais ce que tu peux pour me secourir. Mais nous ne tenons pas notre homme ; au contraire, je t'assure qu'il rira à nos dépens plus que jamais.

HIPPIAS. — Oui, d'un rire impertinent, Socrate : car s'il n'a rien à opposer à cela, et qu'il rie, c'est de lui-même qu'il rira, et il se fera moquer de tous les assistants.

SOCRATE. — Peut-être la chose sera-t-elle comme tu dis ; peut-être aussi, autant que je puisse conjecturer, ne se contentera-t-il pas après cette réponse de me rire au nez.

HIPPIAS. — Que fera-t-il donc ?

SOCRATE. — S'il a un bâton à la main, à moins que je m'enfuie au plus vite, il le lèvera sur moi pour me rosser d'importance.

HIPPIAS. — Que dis-tu là ? Cet homme est-il ton maître ? Et s'il te fait un pareil traitement, ne sera-t-il pas traîné devant les juges, et puni comme il le mérite ? Est-ce qu'il n'y a

b   point de justice à Athènes, et y laisse-t-on les citoyens se
frapper injustement les uns les autres ?

SOCRATE. — Nullement.

HIPPIAS. — Sera-t-il donc puni s'il te frappe contre toute
justice ?

SOCRATE. — Il ne me paraît pas, Hippias, qu'il eût tort de
me frapper, si je lui faisais cette réponse : je pense même
le contraire.

HIPPIAS. — À la bonne heure, Socrate ; puisque c'est ton avis,
c'est aussi le mien.

SOCRATE. — Me permets-tu de t'expliquer pourquoi je pense
que cette réponse mérite vraiment des coups de bâton ?
Me battras-tu toi-même sans m'entendre, ou écouteras-tu
mes raisons ?

c HIPPIAS. — Ce serait un procédé bien étrange, Socrate, si je
refusais de les entendre. Quelles sont-elles ? Parle.

SOCRATE. — Je vais te le dire, toujours sous le nom de celui
dont je fais ici le personnage, pour ne pas me servir vis-à-
vis de toi des expressions dures et choquantes qu'il ne m'épar-
gnera pas ; car voici, je te le garantis, ce qu'il me dira : « Parle,
Socrate. Penses-tu que j'aurais si grand tort de te battre,
après que tu m'as chanté, avec si peu de sens, un dithyrambe
qui n'a aucun rapport à ma question ? » Comment cela ? lui
répondrai-je. « Comment, dira-t-il, n'as-tu seulement pas
l'esprit de te souvenir que je te demande quel est ce beau

d qui embellit toutes les choses où il se trouve, pierre, bois,
homme, dieu, toute espèce d'action et de science ? Car tel
est, Socrate, le beau dont je te demande la définition ; et je
ne puis plus me faire entendre que si j'avais affaire à une
pierre, et encore une pierre de meule, et que tu n'eusses ni
oreilles ni cervelle. » Ne te fâcherais-tu point, Hippias, si,

e épouvanté de ce discours, je répondais : « C'est Hippias qui
m'a dit que le beau était cela ? Je l'interrogeais cependant

27

comme tu m'interroges ici sur ce qui est beau pour tout le monde et toujours. » Qu'en dis-tu ? Ne te fâcheras-tu pas, si je lui parle ainsi ?

HIPPIAS. — Je suis bien sûr, Socrate, que le beau est et paraîtra à tout le monde tel que je t'ai dit.

SOCRATE. — « Le sera-t-il toujours ? » reprendra cet homme. Car le beau, c'est-à-dire le vrai beau, l'est à toutes les époques.

HIPPIAS. — Sans doute.

SOCRATE. — Il l'a donc toujours été ?

HIPPIAS. — Oui.

SOCRATE. — « L'étranger d'Élis, poursuivra-t-il, t'a-t-il dit qu'il était beau pour Achille d'être enseveli après ses ancêtres, comme pour son aïeul Éaque, pour les autres enfants des dieux et pour les dieux eux-mêmes ? »

293a HIPPIAS. — Qu'est-ce que cet homme-là ? Envoie-le au gibet. Voilà des questions, Socrate, qui sentent fort l'impiété.

SOCRATE. — Mais quoi, lorsqu'on nous fait de pareilles questions, n'est-il pas tout à fait impie d'y répondre affirmativement ?

HIPPIAS. — Peut-être.

SOCRATE. — « Peut-être donc es-tu cet impie, me dira-t-il, toi qui soutiens qu'il est beau en tout temps et pour tout le monde d'être enseveli par ses descendants, et de rendre les mêmes devoirs à ses ancêtres. Héraclès et les autres qu'on vient de nommer ne font-ils peut-être pas partie de tout le monde ? »

HIPPIAS. — Je n'ai pas prétendu parler ainsi pour les dieux.

b SOCRATE. — Ni pour les héros apparemment ?

HIPPIAS. — Non, du moins pour ceux qui sont enfants des dieux.

SOCRATE. — Mais pour ceux qui ne le sont pas ?

HIPPIAS. — Oui, pour ceux-là.

SOCRATE. — Ainsi, à ton compte, c'eût été, ce semble, une chose affreuse, impie et laide pour les héros, tels que Tantale, Dardanos et Zéthos[1], et pour Pélops et les autres nés de mortels comme lui, ce serait une belle chose !

HIPPIAS. — C'est là mon avis.

SOCRATE. — « Tu penses donc, répliquera-t-il, ce que tu ne disais pas tout à l'heure, qu'être enseveli par ses descendants, après avoir rendu le même devoir à ses ancêtres, est une chose qui, en certaines rencontres et pour quelques-uns, n'est pas du tout belle ; et que même il semble impossible qu'elle devienne jamais et soit belle pour tout le monde ; en sorte que ce prétendu beau est sujet aux mêmes inconvénients que les précédents, la jeune fille et la marmite ; et qu'il est même plus ridiculement encore beau pour les uns, et laid pour les autres. Quoi donc, Socrate, poursuivra-t-il, ne pourras-tu, ni aujourd'hui ni jamais, satisfaire à ma question, et me dire ce que c'est que le beau ? » Tels sont à peu près les reproches qu'il me fera, et à juste titre, si je lui réponds comme tu veux.

Voilà pour l'ordinaire, Hippias, de quelle manière il converse avec moi. Quelquefois cependant, comme s'il avait pitié de mon ignorance et de mon incapacité, il me suggère en quelque sorte ce que je dois dire, et me demande si telle chose ne me paraît pas être le beau. Il en use de même par rapport à tout autre sujet sur lequel il m'interroge, et qui fait la matière de l'entretien.

HIPPIAS. — Que veux-tu dire par là, Socrate ?

---

1. Héraclès est le fils de Zeus et d'une mortelle (Alcmène), comme Tantale, Dardanos, ancêtre des Troyens, et Zéthos. Mais Pélops est le fils de deux mortels : Tantale et Dioné.

[Les trois définitions de Socrate :
La convenance] 4e

SOCRATE. — Je vais te l'expliquer. « Mon pauvre Socrate, me
dit-il, laisse là toutes ces réponses et autres semblables ;
elles sont trop ineptes, et trop aisées à réfuter. Vois plutôt
e   si le beau ne serait point ce que nous avons évoqué précé-
demment, lorsque nous avons dit que l'or est beau pour
les choses auxquelles il convient et laid pour celles
auxquelles il ne convient pas ; qu'il en est de même pour
tout le reste où cette convenance se trouve. Examine donc
le convenable en lui-même, et dans sa nature, pour voir
s'il ne serait point le beau que nous cherchons. »
Ma coutume est de me rendre à son avis, lorsqu'il me propose
de pareilles choses, car je n'ai rien à lui opposer. Mais toi,
penses-tu que le convenable est le beau ?

HIPPIAS. — Tout à fait, Socrate.

SOCRATE. — Examinons bien, de peur de nous tromper.

HIPPIAS. — Il faut examiner, sans doute.

SOCRATE. — Vois donc. Appelons-nous convenable ce qui
294a   fait paraître belles les choses où il se trouve, ou bien ce qui
les rend effectivement belles ? ou n'est-ce ni l'un ni l'autre ?

HIPPIAS. — Il me semble que c'est ce qui les fait paraître
belles, comme lorsque quelqu'un, ayant pris un habit ou
une chaussure qui lui va bien, paraît plus beau, fût-il par
ailleurs d'une apparence ridicule.

SOCRATE. — Si le convenable fait paraître les choses plus
belles qu'elles ne sont, c'est donc une espèce de tromperie
en fait de beauté ; et ce n'est point ce que nous cherchons,
Hippias ; car nous cherchons ce par quoi les belles choses
b   sont réellement belles, de même que toutes les choses
grandes sont grandes par une certaine supériorité : c'est en
effet par là qu'elles sont grandes ; et quand même elles ne
le paraîtraient pas, s'il est vrai qu'il s'y trouve de la gran-

deur, elles sont nécessairement grandes. De même, le beau, disons-nous, est ce qui rend belles toutes les belles choses, qu'elles paraissent telles ou non. Évidemment ce n'est point le convenable, puisque, de ton aveu, il fait paraître les choses plus belles qu'elles ne sont, au lieu de les faire paraître telles qu'elles sont. Il nous faut donc essayer, comme je viens de dire, de découvrir ce qui fait que les belles choses

c   sont belles, qu'elles le paraissent ou non ; car si nous cherchons le beau, c'est là ce que nous cherchons.

HIPPIAS. — Mais le convenable, Socrate, à la fois rend belles et fait paraître telles toutes les choses où il se rencontre.

SOCRATE. — Est-il donc impossible que les objets réellement beaux ne paraissent pas tels, du moment qu'ils possèdent ce qui les fait paraître beaux ?

HIPPIAS. — Cela est impossible.

SOCRATE. — Mais dirons-nous, Hippias, que les lois et les institutions réellement belles paraissent telles toujours et

d   aux yeux de tout le monde ? ou tout au contraire, qu'on n'en connaît pas toujours la beauté, et que c'est un des principaux sujets de dispute et de querelles, tant entre les particuliers qu'entre les États ?

HIPPIAS. — Il me paraît plus vrai de dire, Socrate, qu'on n'en connaît pas toujours la beauté.

SOCRATE. — Cela n'arriverait pas, cependant, si elles paraissaient ce qu'elles sont ; et elles le paraîtraient, si le convenable était la même chose que le beau, et que non seulement il rendît les choses belles, mais les fît paraître telles. Par conséquent, si le convenable est ce qui rend une chose réellement belle, il est bien le beau que nous cherchons, et non le beau qui la fait paraître belle. Si, au contraire, le convenable donne seulement aux choses l'apparence de la

e   beauté, ce n'est point le beau que nous cherchons, car le beau dont il est question rend les choses réellement belles, et une même chose ne saurait être à la fois une cause d'illusion et de vérité, soit pour la beauté, soit pour toute autre chose. Choisissons donc quelle propriété nous donnerons au convenable, de faire paraître les choses belles, ou de les rendre telles.

HIPPIAS. — À mon avis, Socrate, il les fait paraître belles.

SOCRATE. — Dieux! la connaissance que nous croyions avoir de la nature du beau nous échappe donc, Hippias, puisque nous jugeons que le convenable est autre que le beau.

HIPPIAS. — Vraiment oui, Socrate; et cela me paraît bien étrange.

295a SOCRATE. — Ne lâchons pourtant pas prise, mon cher ami : j'ai encore quelque espérance que nous découvrirons ce que c'est que le beau.

HIPPIAS. — Assurément, Socrate; car ce n'est pas une chose bien difficile à trouver; et je suis sûr que, si je me retirais un moment à l'écart pour méditer là-dessus, je t'en donnerais une définition si exacte que l'exactitude même n'y saurait trouver à redire.

[L'avantageux] 5

SOCRATE. — Oh! ne te vante point, Hippias. Tu vois combien d'embarras cette recherche nous a déjà causé; prends garde que le beau ne se fâche contre nous, et ne s'éloigne encore

b davantage. J'ai tort cependant de parler ainsi. Tu trouveras aisément la solution, je pense, lorsque tu seras seul; mais, au nom des dieux, trouve-la en ma présence; et, si tu le veux bien, continuons à la chercher ensemble. Si nous la découvrons, ce sera le mieux du monde; sinon, il faudra bien que je prenne mon malheur en patience : pour toi, tu ne m'auras pas plus tôt quitté, que tu la trouveras sans peine. Si nous faisons maintenant cette découverte, ce sera une affaire entendue, et je n'aurai pas besoin de t'impor-

tuner pour te demander ce que tu as trouvé tout seul. Vois
donc si ceci ne serait pas le beau, selon toi. Je dis que c'est…
Examine bien, et écoute-moi attentivement, de peur que
je ne dise une sottise. Le beau donc, par rapport à nous,
c'est ce qui nous est utile. Voici sur quoi je fonde cette
définition. Nous appelons beaux yeux, non ceux qui ne
peuvent rien voir, mais ceux qui le peuvent, et qui sont
appropriés à cette fin.

HIPPIAS. — Oui.

SOCRATE. — Ne disons-nous pas de même du corps entier,
qu'il est beau, soit pour la course, soit pour la lutte ? Et
pareillement de tous les animaux, par exemple qu'un cheval
est beau, un coq, une caille ; de tous les ustensiles ; de tous
les moyens de locomotion, tant sur terre que sur mer, comme
les bateaux de commerce et les navires de guerre ; de tous
les instruments, soit de musique, soit des autres arts ; et
encore, si tu le veux, des mœurs et des lois ? Nous donnons
ordinairement à toutes ces choses la qualité de belles, envi-
sageant chacune d'elles sous le même point de vue, c'est-
à-dire par rapport aux propriétés qu'elle tient ou de la nature,
ou de l'art, ou de sa position, appelant beau ce qui est utile,
en tant qu'il est utile, en tant qu'il sert à une certaine fin,
et autant de temps qu'il est utile ; et laid, ce qui est inutile
à tous égards. N'est-ce pas aussi ton avis, Hippias ?

HIPPIAS. — Oui.

SOCRATE. — Ainsi, nous avons raison de dire que le beau n'est
autre chose que l'utile.

HIPPIAS. — Sans contredit, Socrate.

SOCRATE. — N'est-il pas vrai que ce qui a la puissance de
faire une chose, quelle qu'elle soit, est utile par rapport à
ce qu'il est capable de faire, et que ce qui en est incapable
est inutile ?

HIPPIAS. — Certainement.

SOCRATE. — La puissance est donc une belle chose, et l'impuissance une chose laide ?

HIPPIAS. — Assurément : tout atteste la vérité de cette définition, Socrate ; mais la politique en est une preuve particulière. En effet, avoir de la puissance politique dans sa propre ville est ce qu'il y a de plus beau au monde, comme ne rien pouvoir est ce qu'il y a de plus laid.

SOCRATE. — C'est fort bien dit. Et, au nom des dieux, Hippias, n'est-ce pas pour cette raison que rien n'est plus beau que la sagesse, ni plus laid que l'ignorance ?

HIPPIAS. — Et pour quelle autre raison, s'il te plaît, Socrate ?

SOCRATE. — Arrête un moment, mon cher ami : je tremble pour ce que nous dirons après cela.

HIPPIAS. — Que crains-tu, Socrate, maintenant que tes recherches vont on ne peut mieux ?

SOCRATE. — Je le voudrais bien, mais examine, je te prie, ceci avec moi. Fait-on ce qu'on ne saurait et ce qu'on ne peut absolument faire ?

HIPPIAS. — Nullement ; et comment veux-tu qu'on fasse ce qu'on ne peut faire ?

SOCRATE. — Ainsi ceux qui pèchent et font de mauvaises actions involontairement, ne les auraient-ils pas commises s'ils n'avaient pas eu le pouvoir de les commettre ?

HIPPIAS. — Évidemment.

SOCRATE. — Mais c'est la puissance qui rend capable de faire ce que l'on peut ; car ce n'est pas sans doute l'impuissance.

HIPPIAS. — Non, certes.

SOCRATE. — Et tous ceux qui font quelque chose, ont-ils le pouvoir de le faire ?

HIPPIAS. — Oui.

SOCRATE. — Mais tous les hommes, à commencer depuis l'enfance, font beaucoup plus de mal que de bien, et commettent des fautes involontairement.

Hippias. — Cela est vrai.

Socrate. — Quoi donc! Dirons-nous qu'une pareille puissance, et tout ce qui est utile pour faire le mal, est quelque chose de beau? Ou s'en faut-il beaucoup que nous le disions?

d Hippias. — Il s'en faut beaucoup, Socrate, à mon avis.

Socrate. — À ce compte, Hippias, le pouvoir et l'utile ne sont-ils donc pas la même chose que le beau?

Hippias. — Il faut, Socrate, que ce pouvoir ait le bien pour objet, et qu'il soit utile à cette fin.

Socrate. — Il n'est plus vrai, du moins, que le pouvoir et l'utile soient le beau pur et simple; et ce que nous avons voulu dire, Hippias, c'est que le pouvoir et l'utile sont le beau, dans la mesure où ils tendent vers le bien.

e Hippias. — Il me paraît que oui.

Socrate. — Mais cela, n'est-il pas l'avantageux?

Hippias. — Sans doute.

Socrate. — Ainsi, et les beaux corps, et les belles institutions, et la sagesse, et toutes les autres choses dont nous avons parlé, sont belles, parce qu'elles sont avantageuses?

Hippias. — Cela est évident.

Socrate. — Il apparaît donc que, pour nous, le beau, c'est l'avantageux.

Hippias. — Assurément, Socrate.

Socrate. — Mais l'avantageux est-il ce qui fait du bien?

Hippias. — Oui.

Socrate. — Et ce qui fait quelque chose en est la cause, n'est-ce pas?

Hippias. — Tout à fait.

297a Socrate. — Le beau serait-il donc la cause du bien?

Hippias. — Il l'est en effet.

SOCRATE. — Mais la cause, Hippias, et ce dont elle est la cause, autrement dit l'effet, sont deux choses différentes ; car jamais une cause ne saurait être cause d'elle-même. Considère ceci de cette manière. Ne venons-nous pas de voir que la cause est ce qui fait quelque chose ?

HIPPIAS. — Oui.

SOCRATE. — N'est-il pas vrai que la chose produite par ce qui fait n'est autre que l'effet, et nullement ce qui fait ?

HIPPIAS. — Cela est certain.

SOCRATE. — L'effet est-il donc une chose, et ce qui le produit une autre chose ?

HIPPIAS. — Qui en doute ?

SOCRATE. — La cause n'est point, par conséquent, cause d'elle-
b même, mais cause de l'effet qu'elle produit ?

HIPPIAS. — Sans contredit.

SOCRATE. — Si donc le beau est cause du bien, le bien est l'effet du beau ; et nous ne recherchons avec tant d'empressement la sagesse et toutes les autres belles choses, selon toute apparence, que parce qu'elles produisent le bien, lequel est l'objet de tous nos désirs. Il résulte de cette découverte que le beau est en quelque sorte le père du bien.

HIPPIAS. — Tout à fait. Cela est fort bien dit, Socrate.

SOCRATE. — N'est-ce pas également une chose bien dite, que le père n'est pas le fils, ni le fils le père ?

c HIPPIAS. — Oui.

SOCRATE. — Et que la cause n'est point l'effet, ni l'effet la cause ?

HIPPIAS. — Cela est vrai.

SOCRATE. — Par Zeus, cher Hippias, le beau n'est donc pas plus le bien que le bien n'est le beau. N'est-ce pas la conclusion que nous devons tirer de ce que nous venons de dire ?

HIPPIAS. — Je ne vois pas comment faire autrement.

Socrate. — Consentirons-nous donc à dire que le beau n'est pas le bien, et que le bien n'est pas le beau ?

Hippias. — Non, par Zeus, cela ne me satisfait pas.

Socrate. — Et, par Zeus, tu as raison, Hippias ; et de tout ce qui a été dit jusqu'ici, c'est ce qui me déplaît le plus.

d

Hippias. — C'est aussi mon avis.

Socrate. — Ainsi, il paraît que la définition qui fait consister le beau dans ce qui est avantageux, utile, capable de produire quelque bien, loin d'être la meilleure de toutes les définitions, comme il nous semblait tout à l'heure, est, s'il est possible, plus ridicule encore que les précédentes, où nous pensions que le beau était une jeune fille, et chacune des autres choses que nous avons énumérées.

Hippias. — Il y a toute apparence.

Socrate. — Pour ce qui me regarde, Hippias, je ne sais plus de quel côté me tourner, et je suis bien embarrassé. Et toi, te vient-il quelque chose ?

Hippias. — Non, pour le présent ; mais, comme je t'ai déjà dit, je suis bien sûr qu'en réfléchissant un peu je trouverais ce que nous cherchons.

e

[Le plaisir]

Socrate. — L'envie que j'ai d'apprendre ne me permet pas d'attendre que tu aies le loisir d'y réfléchir. Et puis je crois que je viens de faire une bonne découverte. Vois si le beau n'est pas ce qui nous donne du plaisir ; et je ne dis pas toute espèce de plaisirs, mais ceux de l'ouïe et de la vue. Qu'avons-nous en effet à opposer à cela ? Les beaux hommes, Hippias, les belles tapisseries, les belles peintures, les belles sculptures nous font plaisir à voir ; les beaux sons, toute la musique, les beaux discours et les belles fables produisent le même effet, de sorte que, si nous répondions à notre

298a

téméraire interlocuteur : « Mon ami, le beau n'est autre chose que ce qui nous cause du plaisir par l'ouïe et par la vue », ne penses-tu pas que nous rabattrions son insolence ?

HIPPIAS. — Il me paraît, Socrate, que ceci explique bien la nature du beau.

SOCRATE. — Mais quoi ! dirons-nous, Hippias, que les belles mœurs et les belles lois sont belles parce qu'elles causent du plaisir par l'ouïe ou par la vue ? Ou que leur beauté est d'une autre espèce ?

HIPPIAS. — Peut-être, Socrate, que cette difficulté échappera à notre homme…

SOCRATE. — Par le chien ! Hippias, elle n'échappera point à celui devant lequel je rougirais bien davantage de divaguer et de faire semblant de dire quelque chose, lorsqu'en effet je ne dis rien qui vaille.

HIPPIAS. — Et quel est cet homme-là ?

SOCRATE. — Socrate, fils de Sophronisque, qui ne me permettrait pas plus de parler à la légère sur ces matières, sans les avoir approfondies, que de croire savoir ce que je ne sais pas.

HIPPIAS. — Il me paraît aussi, depuis que tu me l'as fait remarquer, que la beauté des lois est différente.

SOCRATE. — Arrête un moment, Hippias ; il me semble que nous nous flattons d'avoir trouvé quelque chose sur le beau, tandis que nous sommes à cet égard tout aussi peu avancés que nous l'étions auparavant.

HIPPIAS. — Comment dis-tu ceci, Socrate ?

SOCRATE. — Je vais t'expliquer ma pensée ; tu jugeras si elle a quelque valeur. Peut-être pourrait-on montrer que la beauté des lois et des mœurs n'est point si étrangère aux sensations qui nous viennent par les oreilles et par les yeux. Mais supposons la vérité de cette définition, que le beau est ce qui nous cause du plaisir par ces deux sens, et qu'il ne soit point du tout ici question des lois. Si cet homme dont je parle ou tout autre nous demandait : « Hippias et Socrate, pourquoi avez-vous séparé de l'agréable en général une certaine espèce d'agréable, que vous appelez le beau, et prétendez-vous que les plaisirs des autres sens, comme ceux du manger, du boire, de l'amour, et les autres semblables, ne sont point beaux ? Est-ce que ces sensations ne sont pas agréables, et ne causent, à votre avis, aucun plaisir, et ne s'en trouve-t-il nulle part ailleurs que dans les sensations de la vue et de l'ouïe ? » Que répondrons-nous, Hippias ?

HIPPIAS. — Nous dirons sans hésiter, Socrate, qu'il y a de très grands plaisirs attachés aux autres sensations.

SOCRATE. — « Pourquoi donc, reprendra-t-il, ces plaisirs n'étant pas moins des plaisirs que les autres, leur refuser le nom de beaux, et les priver de cette qualité ? » C'est, dirons-nous, que tout le monde se moquerait de nous si nous disions que manger n'est pas une chose agréable, mais belle, et que sentir une odeur suave n'est point agréable, mais beau ; qu'aux plaisirs de l'amour, tous soutiendraient qu'il n'y en a point de plus agréables, et que cependant il faut les goûter de manière que personne n'en soit témoin, parce que c'est la chose du monde la plus laide à voir.

À ce discours notre homme répondra peut-être que « c'est la honte qui nous empêche depuis longtemps d'appeler beaux ces plaisirs, parce qu'ils ne passent point pour tels dans l'esprit des hommes. Cependant, je ne vous demande pas ce qui est beau dans l'idée du vulgaire, mais ce qui est effectivement beau ». Nous lui ferons, ce me semble, la réponse que nous lui avons déjà faite, à savoir que nous appelons beau cette partie de l'agréable qui nous vient par la vue et l'ouïe. As-tu quelque autre réponse à faire, et dirons-nous autre chose, Hippias ?

HIPPIAS. — Après ce qui a déjà été dit, c'est une nécessité, Socrate, de répondre de la sorte.

SOCRATE. — « Vous avez raison, répliqua-t-il. Si donc l'agréable qui naît de la vue et de l'ouïe est beau, il est évident que toute espèce d'agréable venant d'une autre source ne saurait être belle. » L'accorderons-nous ?

HIPPIAS. — Oui.

SOCRATE. — « Mais, dira-t-il, ce qui est agréable par la vue l'est-il tout à la fois par la vue et par l'ouïe ? Et pareillement, ce qui est agréable par l'ouïe l'est-il à la fois par l'ouïe et par la vue ? » Nous répondrons que ce qui est agréable par l'un de ces sens ne l'est point par les deux, car apparemment c'est là ce que tu veux savoir ; mais nous avons dit que l'une ou l'autre de ces sensations, prise séparément, est belle, et qu'elles le sont aussi toutes deux ensemble. N'est-ce pas là ce que nous répondrons ?

HIPPIAS. — Absolument.

SOCRATE. — « Une chose agréable, quelle qu'elle soit, objectera-t-il, diffère-t-elle en tant qu'agréable de toute autre chose agréable ? Je ne vous demande point, dira-t-il, si un plaisir est plus ou moins grand, plus ou moins vif qu'un autre ; mais s'il y a des plaisirs qui diffèrent entre eux, en ce que l'un est un plaisir et l'autre ne l'est pas. » Nous ne le pensons point, n'est-il pas vrai ?

HIPPIAS. — Non, sans doute.

SOCRATE. — « Pour quel autre motif, dira-t-il, avez-vous donc distingué entre tous les autres les plaisirs dont vous parlez ? Qu'avez-vous vu en eux de différent des autres plaisirs, qui vous a déterminés à dire qu'ils sont beaux ? Sans doute le plaisir qui naît de la vue n'est-il pas beau précisément parce qu'il naît de la vue ; car si c'était là ce qui le rend beau, l'autre plaisir, qui naît de l'ouïe, ne serait pas beau, puisque ce n'est pas un plaisir qui a sa source dans la vue. » Ne lui dirons-nous pas qu'il a raison ?

HIPPIAS. — Oui.

300a SOCRATE. — « De même le plaisir qui naît de l'ouïe n'est pas beau précisément parce qu'il naît de l'ouïe ; car en ce cas le plaisir qui naît de la vue ne serait pas beau, puisque ce n'est pas un plaisir qui a sa source dans l'ouïe. » N'avouerons-nous pas, Hippias, que cet homme dit vrai ?

HIPPIAS. — Nous l'avouerons.

SOCRATE. — « Mais ces plaisirs sont beaux l'un et l'autre, à ce que vous dites. » Ne le disons-nous pas ?

HIPPIAS. — Oui.

SOCRATE. — « Ils ont donc une même qualité qui fait qu'ils sont beaux, une qualité commune à tous les deux, et particulière à chacun. Car il serait impossible autrement qu'ils fussent beaux tous les deux ensemble, et chacun séparé-
b ment. » Réponds-moi comme si tu avais affaire à lui.

HIPPIAS. — Je réponds qu'il me paraît que la chose est comme tu le dis.

SOCRATE. — Si donc ces deux plaisirs pris ensemble ont quelque qualité qui n'est point particulière à chacun d'eux, ce n'est point en vertu de cette qualité qu'ils sont beaux.

HIPPIAS. — Comment se peut-il faire, Socrate, qu'une qualité que deux choses quelconques n'ont point séparément, elles l'aient, prises ensemble ?

c SOCRATE. — Ne crois-tu pas cela possible ?

HIPPIAS. — Il faudrait, pour le croire, que j'eusse bien peu de connaissance de la nature des choses, et des termes dont nous faisons usage dans la dispute présente.

SOCRATE. — Voilà une charmante réponse, Hippias. Pour moi, il me semble que j'entrevois quelque chose qui est de cette façon, que tu dis être impossible : mais peut-être ne vois-je rien.

HIPPIAS. — Ce n'est pas peut-être, Socrate, mais très certainement, que tu vois de travers.

SOCRATE. — Cependant, il se présente à mon esprit bien des objets de cette espèce ; mais je m'en défie, puisque tu ne les vois pas, toi qui as amassé plus d'argent, avec ta sagesse, qu'aucun homme de nos jours ; et que je les vois, moi qui n'ai jamais gagné une obole. Je crains, mon cher ami, que tu ne badines avec moi, et ne me trompes de gaîté de cœur, tant j'aperçois distinctement de choses telles que je t'ai dites.

HIPPIAS. — Personne ne saura mieux que toi, Socrate, si je badine ou non, si tu prends le parti de me dire ce que tu vois ; car il paraîtra clairement que ce n'est rien de solide ; et jamais tu ne trouveras une qualité qui soit étrangère à chacun de nous séparément et que nous possédions ensemble.

SOCRATE. — Comment dis-tu, Hippias ? Peut-être as-tu raison, et ne te comprends-je pas. Mais je vais t'expliquer plus nettement ma pensée : écoute-moi. Il me paraît que ce que nous n'avons pas la conscience d'être en particulier ni toi ni moi, il est possible que nous le soyons tous deux pris ensemble ; et réciproquement, que ce que nous sommes tous deux conjointement, nous ne le sommes en particulier ni l'un ni l'autre.

HIPPIAS. — En vérité, Socrate, ceci est encore plus prodigieux que ce que tu disais tout à l'heure. En effet, penses-y un peu. Si nous étions justes tous les deux, chacun de nous ne le serait-il pas ? Et si chacun de nous était injuste, ne le serions-nous pas tous les deux ? Ou si nous étions tous les deux en bonne santé, chacun de nous ne se porterait-il pas bien ? Et si nous avions l'un et l'autre quelque maladie, quelque blessure, quelque contusion, ou tout autre mal semblable, ne l'aurions-nous pas tous les deux ? De même encore, si nous étions tous les deux d'or, d'argent, d'ivoire, ou, si tu aimes mieux, nobles, sages, considérés, vieux ou jeunes, ou doués de telle autre qualité qu'il te plaira, dont l'homme est capable, ne serait-ce pas une nécessité indispensable que chacun de nous fût tel ?

b SOCRATE. — Sans contredit.

HIPPIAS. — Ton défaut, Socrate, et le défaut de ceux avec qui tu converses d'ordinaire, est de ne point considérer les choses dans leur ensemble. Vous détachez le beau, vous découpez dans vos discours chacune des réalités pour en éprouver la qualité. De là vient que la grandeur et la continuité des choses concrètes vous échappent. Et maintenant tu es si éloigné du vrai, que tu t'imagines qu'il y a des qualités, soit accidentelles, soit essentielles, qui conviennent à deux êtres conjointement, et ne leur conviennent pas séparément ; ou qui conviennent à l'un et à l'autre en

c particulier, et nullement à tous les deux : tant vous êtes incapables de raison et de discernement, tant vos lumières sont courtes et vos réflexions bornées.

SOCRATE. — Ainsi sommes-nous faits, Hippias ! On n'est pas ce qu'on voudrait être, mais ce qu'on peut, comme dit le proverbe. Mais tu nous rends service, en nous donnant sans cesse des avis. Je veux te faire connaître encore davantage jusqu'où allait notre stupidité, avant les conseils que nous venons de recevoir de toi, en t'exposant notre manière de

d penser sur le sujet qui nous occupe. Ne t'en ferai-je point part ?

HIPPIAS. — Tu ne me diras rien que je ne sache, Socrate ; car je connais la disposition d'esprit de tous ceux qui se mêlent de disputer. Cependant, si cela te fait plaisir, parle.

Socrate. — Hé bien ! cela me fait plaisir. Nous étions donc tellement bornés, mon cher, avant ce que tu viens de nous dire, que nous pensions que chacun de nous est un, et que ce que nous sommes séparément, nous ne le sommes pas conjointement ; car pris ensemble nous ne sommes pas un, mais deux, tant notre ignorance était profonde. À présent tu as réformé nos idées, en nous apprenant que, si nous sommes deux conjointement, c'est une nécessité que chacun de nous soit aussi deux ; et que si chacun de nous est un, il est également nécessaire que tous les deux nous ne soyons qu'un : l'essence des choses ne permettant pas, selon Hippias, qu'il en soit autrement ; que, par conséquent, ce que tous les deux sont, chacun l'est, et ce que chacun est, tous les deux le sont. Je me rends à tes raisons. Cependant, Hippias, rappelle-moi auparavant si toi et moi ne sommes qu'un, ou si tu es deux et moi deux.

Hippias. — Qu'est-ce que tu dis, Socrate ?

Socrate. — Je dis ce que je dis : car je crains de m'expliquer nettement devant toi, parce que tu t'emportes contre moi, lorsque tu crois avoir dit quelque chose de juste. Néanmoins dis-moi encore : chacun de nous n'est-il pas un, et n'a-t-il pas cette qualité d'être un ?

Hippias. — Sans doute.

Socrate. — Si donc chacun de nous est un, il est impair. Ne juges-tu pas qu'un est impair ?

Hippias. — Assurément.

Socrate. — Mais pris conjointement, et étant deux, sommes-nous aussi impairs ?

Hippias. — Non, Socrate.

Socrate – Nous sommes pairs au contraire, n'est-ce pas ?

Hippias. — Oui.

Socrate. — Parce que nous sommes pairs tous deux ensemble, s'ensuit-il que chacun de nous est pair ?

HIPPIAS. — Non, assurément.

SOCRATE. — Il n'est donc pas nécessaire, comme tu disais, que chacun de nous soit ce que nous sommes tous les deux, et que nous soyons tous deux ce qu'est chacun de nous ?

HIPPIAS. — Non pour ces sortes de choses ; mais cela est vrai pour celles dont je parlais plus haut.

SOCRATE. — Je n'en demande pas davantage, Hippias : il me suffit qu'en certains cas il en soit ainsi, et en d'autres d'une autre manière. Je disais en effet, si tu te rappelles ce qui a donné lieu à cette discussion, que les plaisirs de la vue et de l'ouïe ne sont pas beaux par une beauté qui fût propre à chacun d'eux en particulier, sans leur être commune à tous deux ensemble ; ni par une beauté qui leur fût commune à tous deux, sans être propre à chacun d'eux séparément ; mais par une beauté commune aux deux, et propre à chacun ; puisque tu accordais que ces plaisirs sont beaux pris conjointement et séparément. J'ai cru en conséquence que, s'ils étaient beaux tous les deux, ce ne pouvait être qu'en vertu d'une qualité inhérente à l'un et à l'autre, et non d'une qualité qui manquât à l'un des deux ; et je le crois encore. Dis-moi donc de nouveau : si le plaisir de la vue et celui de l'ouïe sont beaux pris ensemble et séparément, ce qui les rend beaux n'est-il point commun aux deux et propre à chacun ?

HIPPIAS. — Sans contredit.

SOCRATE. — Sont-ils beaux parce que ce sont des plaisirs, qu'on les prenne séparément ou ensemble ? À cet égard tous les autres plaisirs ne sont-ils pas aussi beaux que ceux-là, puisque nous avons reconnu, s'il t'en souvient, que ce ne sont pas moins des plaisirs ?

HIPPIAS. — Je m'en souviens.

SOCRATE. — Nous avons dit en fait qu'ils sont beaux parce qu'ils naissent de la vue et de l'ouïe.

HIPPIAS. — J'en conviens.

SOCRATE. — Vois si je dis vrai. Autant que je me rappelle, il a été dit que le beau est non pas simplement l'agréable, mais cette espèce d'agréable qui a sa source dans la vue et l'ouïe.

HIPPIAS. — Cela est vrai.

SOCRATE. — N'est-il pas vrai aussi que cette qualité est commune à ces deux plaisirs pris conjointement, et n'est pas propre à chacun séparément ? Car chacun d'eux en particulier, comme nous avons dit plus haut, n'est pas produit par les deux sens réunis ; mais ce sont les deux plaisirs pris ensemble qui sont produits par les deux sens pris 303a ensemble, et non chacun d'eux en particulier. N'est-ce pas ?

HIPPIAS. — Oui.

SOCRATE – Ce qui fait la beauté de chacun d'eux séparément ne peut être une qualité qui n'appartient pas à chacun. Ainsi, la qualité d'être deux n'appartient pas à chaque élément séparément. En conséquence, s'il est sans doute permis d'affirmer, conformément à l'hypothèse, que les deux sont beaux pris ensemble, on ne peut dire que chacun le soit séparément. Qu'en penses-tu ? Cela n'est-il pas nécessaire ?

HIPPIAS. — Il me semble.

SOCRATE. — Dirons-nous donc que ces plaisirs, pris conjointement, sont beaux, et que, séparément, ils ne le sont pas ?

HIPPIAS. — Qui nous en empêche ?

SOCRATE. — Voici, ce me semble, ce qui nous en empêche : c'est que nous avons reconnu des qualités qui se trouvent dans chaque objet, et qui sont telles que, si elles sont communes à deux objets, elles sont propres à chacun ; et, si elles sont propres à chacun, elles sont communes aux deux. Telles sont toutes celles dont tu as parlé, n'est-ce pas ?

HIPPIAS. — Oui.

SOCRATE. — Il n'en est pas de même des qualités dont j'ai parlé. De ce nombre est ce qui fait que deux objets pris séparément sont un, et deux, pris conjointement. Cela est-il vrai ?

HIPPIAS. — Oui.

b SOCRATE. — Or, Hippias, ces deux classes de qualités étant admises, dans laquelle juges-tu qu'il faille mettre la beauté ? Dans celle des qualités dont tu parlais ? Si je suis fort et toi aussi, disais-tu, nous le sommes tous deux ; si je suis juste et toi aussi, nous le sommes tous deux ; et si nous le sommes tous deux, chacun de nous l'est. De même, si je suis beau et toi aussi, nous le sommes tous deux ; et si nous le sommes tous deux, chacun de nous l'est. Ou bien peut-il en être du beau comme de certaines choses qui, prises conjointement, sont paires, et, séparément, peuvent être ou impaires ou paires, ou comme de ces éléments qui, séparément, sont des nombres irrationnels et qui, réunis,

c peuvent être soit rationnels soit irrationnels ? Peut-il en être du beau comme de mille autres cas semblables, que j'ai dit se présenter à mon esprit ? Dans quelle classe mets-tu le beau ? Penses-tu là-dessus comme moi ? Pour moi, il me semble qu'il serait très absurde qu'étant beaux tous les deux, chacun de nous ne le fût pas, ou que chacun de nous étant beau, nous ne le fussions pas tous deux ou toute autre chose du même genre. Es-tu du même sentiment que moi, ou d'un sentiment opposé ?

HIPPIAS. — Je suis du tien, Socrate.

SOCRATE. — Tu fais bien, Hippias ; cela nous épargne une plus

d longue recherche. En effet, s'il en est de la beauté comme du reste, le plaisir qui naît de la vue et de l'ouïe ne peut être beau, puisque la propriété de naître de la vue et de l'ouïe rend beaux ces deux plaisirs pris conjointement, mais non chacun d'eux séparément ; ce qui est impossible, comme nous en sommes convenus toi et moi, Hippias.

HIPPIAS. — Nous en sommes convenus en effet.

SOCRATE. — Il est donc impossible que le plaisir qui a sa source dans la vue et l'ouïe soit beau, puisque, s'il était beau, il en résulterait une chose impossible.

HIPPIAS. — Cela est vrai.

SOCRATE. — « Puisque vous avez fait fausse route, répliquera
e   notre homme, dites-moi de nouveau l'un et l'autre quel est le beau qui se rencontre dans les plaisirs de la vue et de l'ouïe, et vous les a fait nommer beaux préférablement à tous les autres. » Il me paraît nécessaire, Hippias, de répondre que c'est parce que de tous les plaisirs, ce sont les moins nuisibles et les meilleurs, qu'on les prenne conjointement ou séparément. Ou bien connais-tu quelque autre différence qui les distingue des autres ?

HIPPIAS. — Nulle autre ; et ce sont en effet les plus avantageux de tous les plaisirs.

SOCRATE. — « Le beau, dira-t-il, est donc, selon vous, un plaisir avantageux. » Il me semble bien, lui répondrai-je. Et toi ?

HIPPIAS. — Et moi aussi.

SOCRATE. — « Or, poursuivra-t-il, l'avantageux est ce qui produit le bien, et nous avons vu que ce qui produit est
304a   différent de ce qui est produit : nous voilà retombés dans notre premier embarras ; car le bien ne peut être le beau, ni le beau le bien, s'ils sont différents l'un de l'autre. » Nous en conviendrons assurément, Hippias, si nous sommes sages, parce qu'il n'est pas permis de refuser son consentement à quiconque dit la vérité.

[Conclusion]

HIPPIAS. — Mais toi, Socrate, que penses-tu de tout ceci ? Ce ne sont point là des discours, mais en vérité des raclures et des rognures de discours, hachés en morceaux, comme j'ai déjà dit. Ce qui est beau et vraiment estimable, c'est d'être en état de faire un beau discours en présence des juges, devant le Conseil, ou toute autre espèce de magistrats, et de ne se retirer qu'après les avoir persuadés, remportant avec soi la plus précieuse de toutes les récompenses, la conservation de sa personne, et celle de ses biens et de ses amis. Voilà à quoi tu dois t'attacher, au lieu de ces vaines subtilités, si tu ne veux pas passer pour un insensé, en t'occupant, comme tu fais maintenant, de pauvretés et de bagatelles.

SOCRATE. — O mon cher Hippias, tu es heureux de connaître les choses dont un homme doit s'occuper, et de t'en être occupé à fond, comme tu dis. Pour moi, victime de quelque malchance, je suis toujours dans le doute et l'incertitude ; et lorsque je fais part de mon embarras à vous autres, sages, vous me couvrez d'insultes, après que je vous ai exposé mon embarras. Vous me dites tout ce que je viens d'entendre de ta bouche, que je m'occupe de sottises, de minuties, de misères ; et quand, convaincu par vos raisons, je dis, comme vous, qu'il est bien plus avantageux de savoir faire un beau discours devant les juges ou devant toute autre assemblée, j'essuie toutes sortes de reproches de plusieurs citoyens de cette ville, et en particulier de cet homme qui ne cesse de me réfuter : car il m'appartient de fort près, et il demeure dans la même maison que moi. Lors donc que je suis de retour chez moi, et qu'il m'entend tenir un pareil langage, il me demande si je n'ai pas honte de parler de belles occupations tandis qu'il m'a prouvé jusqu'à l'évidence que j'ignore ce que c'est que le beau.

e « Pourtant, ajoute-t-il, comment sauras-tu si quelqu'un a fait ou non un beau discours ou une belle action quelconque, si tu ignores ce que c'est que le beau ? Et tant que tu seras dans un pareil état, crois-tu que la vie te soit meilleure que la mort ? » Je suis donc, comme je disais, accablé d'injures et de reproches et de ta part et de la sienne. Mais enfin peut-être est-ce une nécessité que j'endure tout cela ; il ne serait pas impossible après tout que j'en tirasse du profit. Il me semble du moins, Hippias, que ta conversation et la sienne ne m'ont point été inutiles, puisque je crois y avoir appris le sens du proverbe : *les belles choses sont difficiles.*

DOSSIER

L'ARCHITECTURE DE L'ŒUVRE

PROLOGUE (281a-286c)

La rencontre entre Socrate et le sophiste Hippias, venu d'Élis à Athènes vendre son savoir.

LA QUESTION DU BEAU (*TO KALON*)
ET LES TROIS EXEMPLES D'HIPPIAS (286c-293d)

Une belle jeune fille (287e-289d).
L'or (289d-291d).
Une vie heureuse (291d-293d).

LES TROIS DÉFINITIONS DE SOCRATE (293d-304e)

La convenance (293d-295a) ou la théorie fonctionnelle.
L'avantageux (295a-297e) ou la conception utilitariste.
Le plaisir (297e-304e) ou la conception esthétique.

CONCLUSION (304a-304e)

La révolte d'Hippias et l'embarras de Socrate.

L'AUTEUR ET LE CONTEXTE

REPÈRES BIOGRAPHIQUES

Platon est né en 427 av. J.-C., à Athènes, dans une famille aristocratique dont plusieurs membres, en particulier ses oncles Charmide et Critias, s'illustrèrent dans la vie publique. Lui-même eût sans doute suivi la même voie, après avoir reçu l'éducation traditionnelle des jeunes Athéniens fondée sur l'étude des poètes (Homère, Hésiode), la musique et la gymnastique, si les malheurs de la cité-État et la rencontre décisive avec Socrate ne l'avaient persuadé de la nécessité de se consacrer à la réflexion philosophique avant de s'engager dans l'action politique.

La jeunesse de Platon, en effet, fut marquée par la ruineuse guerre du Péloponnèse qui mit aux prises, de 431 à 404 av. J.-C., soit pendant vingt-sept ans, les cités d'Athènes et de Sparte. Or, si la démocratie athénienne, qui donnait tout le pouvoir à une assemblée de citoyens (*Ecclésia*), se montra incapable de bien conduire et de gagner cette guerre qui s'acheva par un désastre, la réaction antidémocratique des Trente Tyrans, au premier rang desquels figurait Critias, un parent de la mère de Platon, ne fut qu'un sanglant échec (404-403 av J.-C.).

Les vicissitudes de la guerre et la crise des valeurs traditionnelles, les faiblesses de la démocratie (ce « gros animal ») et la vaine cruauté de ses adversaires auraient peut-être conduit Platon au découragement s'il n'avait eu la chance d'entrer dans le cercle des fidèles de Socrate et de fréquenter pendant neuf ans environ (de 408 à 399 av. J.-C.) cet homme pour lui presque divin qu'il ne cessa ensuite de mettre en scène dans ses dialogues.

Socrate n'apporta pas à Platon une doctrine toute faite. Par ses incessantes questions, par sa « dialectique » négative dont on trouvera dans l'*Hippias majeur*[1]

---

1. Hippias est l'interlocuteur de Socrate dans le dialogue de Platon.

un exemple significatif, Socrate détourna Platon de ses premières vocations littéraires et politiques et lui ouvrit la voie de la vraie philosophie telle qu'elle apparaît dans *La République*, la recherche inlassable de la sagesse pour l'homme et de la justice pour la cité.

Mais, en 399 av. J.-C., Socrate fut accusé de miner les fondements mêmes de la démocratie athénienne, c'est-à-dire, selon les termes de l'accusation portée par Mélétos et Anytos, de « corrompre la jeunesse et d'introduire de nouveaux dieux ». Comme chacun sait, un tribunal populaire le condamna à mort. Aux yeux des modérés et des démocrates traditionalistes, Socrate, en effet, ne se distinguait guère des sophistes[1], et son enseignement moral était tenu pour responsable du comportement scandaleux de certains de ses disciples comme Alcibiade, Charmide ou Critias, « aristocrates insolents et sceptiques[2] ».

Après la mort de Socrate, qu'il devait décrire dans le *Phédon*, Platon entreprit en 390 av. J.-C. un long voyage en Méditerranée. Il découvrit en Égypte une civilisation aux traditions millénaires qui le marqua profondément. En Italie du Sud (la « Grande Grèce »), il s'initia aux doctrines mathématiques et religieuses des disciples de Pythagore et tenta de devenir le mentor, le conseiller du tyran Denys de Syracuse. Celui-ci, cependant, lassé de ses remontrances, le força à repartir sur un navire spartiate qui le débarqua à Égine, une île alors en guerre avec Athènes… Seule une heureuse rencontre avec un marchand sauva le philosophe de l'esclavage.

De retour à Athènes en 387 av. J.-C., Platon fonda, au nord-ouest de la ville, dans le gymnase d'Académos, l'« Académie », la première école de philosophie, qui, en tant qu'établissement autonome, devait durer jusqu'au VIe siècle après J.-C. Vingt ans plus tard, Platon, âgé de soixante ans, quitta l'École, avec toujours le fol espoir de réaliser en Sicile ses idéaux politiques, grâce, cette fois, au nouveau tyran de Syracuse, Denys le Jeune, et son ami Dion. Ce voyage tourna mal, comme un troisième qu'il fit en 361 av. J.-C. Platon mourut à Athènes en 347 av. J.-C., quelques années avant la victoire de Philippe à Chéronée, qui marqua le début de la soumission des cités grecques au royaume de Macédoine. Il était en train d'achever l'immense dialogue des *Lois*,

---

1. *Cf.* p. 61. \ **2.** F. Chamoux, *La Civilisation grecque*, Arthaud, Paris, 1963, p. 124.

ultime témoignage de sa préoccupation constante depuis *La République*, l'organisation d'une cité juste, harmonieuse et belle.

L'œuvre de Platon, qui est faite uniquement de dialogues philosophiques, peut se diviser en trois périodes. Les premiers dialogues, écrits dans les années qui suivent la mort de Socrate (le *Lachès*, l'*Euthyphron*, le *Charmide*, le *Protagoras*, le *Gorgias*, etc.), défendent la mémoire du maître contre les sophistes et les bourgeois démocrates. Ce sont des exercices de méthode « dialectique » qui soumettent à l'examen, pour les réfuter, les prétentions des sophistes et les opinions courantes sur différentes vertus comme le courage, la piété. La période de la maturité commence avec la fondation de l'Académie. Platon transforme peu à peu la figure historique de Socrate en porte-parole de sa propre doctrine, et aborde avec assurance des questions proprement métaphysiques (le destin de l'âme après la mort) étroitement liées à une réflexion sur les conditions de possibilité de la connaissance vraie (dans le *Ménon*, *Le Banquet*, *La République*, le *Phèdre*, etc.) dont Socrate, l'homme du doute, ne croyait pas pouvoir traiter directement. Les dialogues de la vieillesse (le *Parménide*, le *Théétète*, le *Sophiste*, le *Politique*, etc.) s'éloignent encore plus de la modestie socratique ; ils forment un véritable système, une encyclopédie de toutes les connaissances qui intègre des éléments mythiques (le *Timée*) tout en développant un style d'argumentation, rigoureux mais plus austère et plus scolaire que la démarche vivante, mais « aporétique[1] », des premiers dialogues.

Notons que la première traduction latine de Platon, qui date de 1483-1484, est due au philosophe florentin Marsile Ficin, dont nous reparlerons, et que la première édition en grec de la Renaissance fut l'œuvre d'Henri Estienne, à Lyon, en 1578. Dans cette édition, les pages étaient divisées en deux colonnes, elles-mêmes divisées en parties a, b, c, d, e. Cette numérotation, qui permet de retrouver rapidement un passage précis, quelle que soit l'édition, a été reprise dans toutes les éditions modernes.

---

1. *Cf.* Glossaire, p. 87.

SOCRATE

Socrate (470-399 av. J.-C.) pour sa part n'a rien écrit, mais sa personnalité et son enseignement nous sont connus grâce au témoignage de certains de ses disciples comme Platon et Xénophon (dans les *Mémorables*), et aux accusations de ses adversaires, notamment Aristophane qui, dans une comédie jouée de son vivant, *Les Nuées*, présenta le philosophe comme un athée et un sophiste plutôt malhonnête.

Socrate, pourtant, a mené la vie d'un simple citoyen d'Athènes. D'origine modeste – son père, Sophronicos, était tailleur de pierres et sa mère sage-femme –, il a servi comme fantassin pendant la guerre du Péloponnèse et n'a pas refusé de participer à la vie de l'assemblée du peuple. Mais en s'opposant aux emportements de celle-ci comme à la tyrannie des Trente, Socrate s'est aliéné les sympathies des défenseurs de la démocratie comme des partisans de l'aristocratie. Son procès et sa condamnation à mort en 399 av. J.-C. montrent à quel point il fut rejeté par la démocratie athénienne. L'accusation d'introduire de nouveaux dieux ne tient pas, mais la lecture des textes qui reflètent avec probablement le plus de fidélité son enseignement propre (par exemple, l'*Apologie de Socrate* de Platon) nous fait entrevoir les raisons de ce malentendu.

Loin de s'intéresser aux « nuées » et aux météores, comme Aristophane voulait le faire croire, Socrate n'a qu'un objet de réflexion et de préoccupation : les affaires humaines, en morale et en politique, et donc la « vertu », entendue comme la valeur par excellence. Quels buts l'homme doit-il poursuivre pour être véritablement un homme et pour être heureux ? Socrate, dans le *Phédon*, raconte comment il s'est détourné de l'étude de la nature, et de la philosophie trop matérialiste de son maître Anaxagore[1] qui n'accordait pas à l'Intelligence, à l'Esprit, la place qui devait lui revenir dans l'explication des comportements humains (*Phédon*, 98c), pour se concentrer sur cette ultime question d'ordre moral. Mais les hommes ignorent ce qu'ils font et ce qu'ils savent. En interrogeant les Athéniens estimés les plus compétents, Socrate découvre que le général ne sait pas

---

1. *Cf.* Index des noms propres, p. 92.

ce qu'est le courage et que le prêtre ne sait pas ce qu'est la piété. Celui qui, au moins, sait qu'il ne sait pas a, de ce fait, une certaine supériorité sur ceux qui croient posséder des certitudes.

Cette expérience faite, Socrate va se donner un but (trouver une définition générale des vertus et de la vertu en général), une méthode (la dialectique) et un style (l'ironie).

La *définition* générale que cherche Socrate exprime la nature ou l'essence d'une chose (comme le beau ou le courage), ce qui fait que cette chose est ce qu'elle est. Mais qu'est-ce qu'une bonne définition ? Les erreurs d'Hippias sont, à cet égard, assez instructives pour que l'*Hippias majeur* puisse être considéré comme un petit manuel de logique. Hippias confond l'exemple et la définition, introduit le terme à définir dans la définition, ne distingue pas ce qui est essentiel et ce qui est accidentel, tandis que Socrate, pour sa part, suit, sans le dire, dans la recherche d'une bonne définition, certaines règles intéressantes. Il introduit en particulier l'idée, reprise et développée par Aristote, selon laquelle une bonne définition doit comporter deux éléments : le « genre » et la « différence spécifique ». Ainsi, définir l'homme comme un « animal politique » *(zoon politikon)*, comme on le fit longtemps en s'inspirant d'Aristote, c'est placer l'homme dans le « genre » des « animaux » (êtres vivants, *zoa*) tout en indiquant par quoi il se distingue, en tant qu'espèce, des autres animaux, à savoir le fait de vivre en cités (sens exact de « politique »). Socrate fait de même lorsqu'il pose que le beau est l'utile, *to chresimon* (le genre), mais l'utile tourné vers le bien (la différence spécifique), autrement dit l'avantageux, *to ophelimon* (296e).

La *dialectique*, qui se rattache étymologiquement à l'idée de dialogue et de discussion, est le procédé par lequel Socrate conduit son interlocuteur vers une définition qui résiste aux objections. Ce procédé, qui se traduit par une succession de questions et de réponses, comporte donc un aspect positif qui prendra dans les dialogues platoniciens de la maturité (notamment *Le Banquet* et le *Phèdre*) la forme d'une véritable initiation au monde des « Idées », et un aspect négatif, l'examen critique des définitions courantes et donc des opinions admises, qui prédomine dans les premiers dialogues. Chez Socrate, la dialectique se manifeste donc d'abord comme un art de la réfutation *(elenchos)* qui s'oppose à l'art d'argumenter des sophistes.

Socrate réfute une définition qui lui est proposée comme hypothèse, tantôt en montrant qu'elle n'est pas complète et qu'il est possible d'imaginer des cas qu'elle ne couvre pas (288b, 290b[1]), tantôt en raisonnant par l'absurde, c'est-à-dire en montrant que, si la définition, par hypothèse, est vraie, elle conduit à une impossibilité ou à une « absurdité », autrement dit à une proposition reconnue comme fausse (303d). Mais la dialectique socratique peut aussi conduire, positivement, vers une définition par la voie inductive et l'analogie. Ainsi, en 295d, Socrate énumère dans une induction complète les choses qui sont belles parce qu'elles sont utiles : les corps, les instruments et les produits de l'esprit. En établissant une comparaison entre plusieurs exemples, Socrate suggère et nourrit la définition qu'il veut faire provisoirement accepter.

L'apport de Socrate à la logique – la définition générale, la réfutation, l'induction, l'analogie – a été reconnu par Aristote lui-même (*Métaphysique* M, 4), voix compétente s'il en est en matière de logique. Mais Socrate se contenta d'exceller dans la pratique de la logique, sans en faire la théorie, à la différence d'Aristote dans l'*Organon*, sans doute parce qu'à ses yeux les questions qui seules méritaient d'être posées étaient d'ordre moral.

C'est ici que l'*ironie*[2] socratique prend sa vraie signification : elle dépasse la simple logique et complète la réfutation dialectique parce qu'elle sert d'antidote à l'art de persuader des sophistes[3] : à l'éloquence fascinante et emphatique de ceux-ci, l'ironie laconique oppose les ruses du double langage et de la dissimulation. Elle est le contraire de la sincérité puisqu'elle est feinte adhésion à l'opinion d'autrui ou feinte admiration (283a). Mais elle ne se confond pas non plus avec le mensonge, puisqu'elle souhaite être perçue, sinon par l'interlocuteur quand celui-ci est un sophiste vaniteux, du moins par le lecteur du dialogue, et qu'elle a une signification pédagogique. Un je-ne-sais-quoi d'excessif dans la louange nous fait entrevoir dans la pseudo-naïveté de Socrate bien des arrière-pensées, mais ce dédoublement de l'ironiste vise à provoquer un dédoublement symétrique chez l'interlocuteur lui-même qui doit ainsi se détacher de ses propres convictions et remettre en question

---

1. Les références sans mention d'ouvrage renvoient à *Hippias Majeur*. \ 2. *Cf.* Glossaire, p. 90. \ 3. *Cf.* Glossaire, p. 91.

les hypothèses qu'il avait initialement acceptées. Grâce à l'ironie, l'erreur se réfute elle-même, et, sous son aiguillon, les principes au départ les plus évidents, menés à leurs conséquences logiques, apparaissent insuffisants aux yeux de celui-là même qui les a posés. Ainsi, la dialectique[1] et l'ironie ont partie liée : la dialectique peut sembler conduire à de décevantes conclusions, mais l'ironie transforme la réfutation répétée des prémisses en victoire d'un autre ordre. Elle révèle chez l'interlocuteur, si elle est heureuse, cette faculté d'auto-examen et de réflexion intérieure qui est la condition de la philosophie.

HIPPIAS

L'interlocuteur de Socrate, Hippias, est un « sophiste ». Ce nom vient de l'adjectif grec *sophos*, qui signifie d'abord « expert » dans un domaine particulier, « habile » (et même « rusé », comme Ulysse), mais qui veut surtout dire « sage ». Les sophistes prétendent être des « sages » comme les anciens poètes (Homère, Hésiode) dont on sait le rôle essentiel dans la formation des jeunes Athéniens, parce qu'eux aussi donnent un enseignement. Mais la « sagesse » qu'ils offrent n'est qu'un savoir-faire, un « art » particulier, celui de la parole, et eux-mêmes sont d'abord des maîtres professionnels qui font payer fort cher leurs leçons.

Cette ambiguïté, qui explique la méfiance ironique de Socrate, et l'animosité méprisante de Platon à leur égard, se retrouve dans leur statut social. Les sophistes sont des étrangers toujours sur les routes, au contraire de Socrate qui ne quitte presque jamais Athènes. S'ils ne peuvent, de ce fait, jouer un rôle politique direct dans la cité, ils exercent souvent les fonctions prestigieuses d'ambassadeurs (cf. le début de l'*Hippias majeur*) et prétendent éduquer les jeunes Athéniens de bonne famille. N'est-ce pas la « vertu » même qu'ils enseignent ? Mais « vertu » est ici une façon traditionnelle de traduire le mot grec *arétê*, qui signifie plutôt l'excellence. Et l'excellence, pour les sophistes comme pour les Athéniens de l'époque, n'est rien d'autre que la santé, la richesse, le pouvoir et la gloire, autrement dit la puissance (296a). L'instrument

---

1. *Cf.* Glossaire, p. 89.

du succès que les sophistes proposent est la rhétorique, c'est-à-dire l'art de persuader par la parole, dont le maître incontesté fut Gorgias[1]. À Athènes, en effet, la maîtrise de la parole est essentielle pour un jeune ambitieux, car l'assemblée du peuple est aussi versatile que toute-puissante. Toutefois, alors que les Athéniens traditionnels, comme Anytos, dans le *Ménon*, pensent que l'art politique est un don, quelque chose qui ne s'apprend pas, les sophistes affirment en révéler et en enseigner les règles. C'est par là qu'ils font scandale.

On comprend pourquoi l'argent – signe palpable de leur propre succès – joue un rôle si important dans la vie des sophistes. Hippias se vante d'avoir gagné des sommes fabuleuses en Sicile (282e), à l'instar de Gorgias, de Prodicos[2] et de Protagoras[3]. Socrate, pour sa part, prend soin de préciser qu'il ne tire aucun argent de son enseignement. Les sophistes, à ses yeux, finissent par se prostituer en vendant leur « sagesse » à n'importe qui, alors que la vraie pensée ne s'exerce librement qu'entre amis unis par des liens presque amoureux. La conversation socratique, même si elle a lieu non loin de l'agora, en quelque lieu public, se déroule toujours en marge, et dans la discrétion, alors que les sophistes aiment parader et s'exhiber lors de récitations et de conférences ouvertes à qui peut payer, et dont on trouve d'amusants échos dans le *Protagoras* comme dans l'*Hippias majeur* (286a). Tandis que Socrate affirme ne désirer rien d'autre que la recherche en commun de la vérité, les sophistes sont des *debaters* qui n'aiment rien tant que briller dans les controverses publiques.

Étaient-ils pour autant indifférents à la vérité de leurs propositions ? Ne proposaient-ils aucune doctrine ? Il est probable que la majorité d'entre eux savait surtout discourir sur n'importe quel sujet et plaider successivement le pour et le contre. En même temps, on trouve chez certains d'entre eux une conception de l'homme qui n'est pas sans rappeler certaines pensées plus modernes qui apparurent à la Renaissance et au siècle des Lumières. Les sophistes semblent croire que toute vérité est relative et propre au sujet qui la perçoit, que les hommes ne peuvent parvenir à aucune certitude universelle, qu'il n'y a rien au-delà des phénomènes sensibles, que les lois des hommes ne

---

1. *Cf.* Index des noms propres, p. 92. \ 2. *Cf.* Index des noms propres, p. 94. \ 9. *Cf.* Index des noms propres, p. 94.

sont que des conventions qui varient et ne reflètent aucun ordre naturel. Tel est le sens de la formule humaniste de Protagoras : « L'homme est la mesure de toutes choses. »

Il est difficile, dès lors, de porter un jugement objectif sur les sophistes. Sont-ils le signe de la décadence d'Athènes après la grande époque héroïque des guerres « médiques » contre les Perses, ou au contraire la préfiguration d'une nouvelle nation grecque qui ne serait plus déchirée en cités rivales ? Sont-ils nécessaires à l'exercice de la démocratie, qui passe par le débat contradictoire et la persuasion du plus grand nombre, ou ne sont-ils que des maîtres en manipulation pour de jeunes ambitieux sans scrupule ? Faut-il ne voir en eux que des professeurs de verbalisme, ou esquissent-ils une philosophie radicalement humaine, sans bien ni valeur absolus, dont l'héritage serait repris par la philosophie du XVIIIe siècle, et ensuite par Nietzsche ? Il faudrait, pour répondre à ces questions, étudier tous les documents, et ne pas se contenter du seul témoignage de Platon, très partial.

Car le sophiste Hippias est bien proprement caricaturé dans les dialogues où il apparaît (l'*Hippias majeur*, l'*Hippias mineur* et le *Protagoras*). Hippias est un personnage réel, qui semble avoir été plus jeune que les grands sophistes comme Protagoras, ou que Gorgias, et appartenir à la génération de Socrate, qui l'aurait rencontré, aux dires de Xénophon[1], vers 433 av. J.-C. à Athènes. Il vient de la cité d'Élis, à l'ouest du Péloponnèse, ce qui explique l'intérêt qu'il porte à la cité voisine de Sparte (ou Lacédémone). Si, comme tous les autres sophistes, Hippias possède des qualités d'orateur (286a) et connaît l'art de la persuasion (283c), il se distingue de ses confrères par des talents singuliers auxquels Socrate fait parfois allusion. Il a une mémoire prodigieuse, qu'il cultive par la mnémonique (285e), et il prétend avoir acquis un savoir encyclopédique. Il est grammairien, moraliste, historien (285d) et se dit expert dans toutes les branches des mathématiques grecques (astronomie, géométrie, arithmétique et science du calcul) (285c-d).

La légende veut même qu'il ait excellé dans tous les arts mécaniques et qu'il ait pu se rendre au festival d'Olympie dans un costume entiè-

---

1. *Cf.* Index des noms propres, p. 94.

rement fait de sa main, des sandales aux bijoux (*Hippias mineur*, 368b). Hippias prouve ainsi qu'aucune activité humaine, intellectuelle ou manuelle, ne lui est étrangère, et que son idéal, proche finalement de celui de la secte philosophique des cyniques[1], est celui de l'« autarcie » : se suffire à soi-même.

Platon méprise manifestement Hippias, dont il souligne à plaisir la vanité et la cupidité. Mais Hippias a peut-être été un penseur original qui vaut plus que cette caricature. Dans le *Protagoras*, Hippias défend une théorie du contrat social, aux termes de laquelle la loi « positive » (qui gouverne une cité particulière) n'est que le résultat d'un accord entre les citoyens qui ne saurait être un critère universel de conduite. Il faudrait plutôt chercher celui-ci dans les lois non écrites, valables pour tous les Grecs et peut-être même pour tous les hommes. Pour Socrate et pour Platon, qui sont les hommes d'une seule cité, régie, fût-elle imaginaire, par un code de lois très précises (*cf. La République, Les Lois*), l'universalisme politique d'Hippias ne pouvait être que l'abomination de la désolation, le germe de la décomposition de la belle cité. En montrant qu'Hippias ne sait pas ce qu'est le beau, le Socrate platonicien indique qu'Hippias ne saurait reconnaître, si elles existaient, de belles lois et belle cité.

Personnage ambigu, qui a le culte des valeurs modernes (la puissance et la technique, l'argent et la démocratie, le savoir encyclopédique et l'opinion), Hippias n'est pas, finalement, un interlocuteur médiocre pour Socrate. Certains[2] sont allés même jusqu'à le comparer à un personnage de la Renaissance, comme le Florentin L. B. Alberti (1404-1472) qui fut peintre, sculpteur, architecte, musicien, poète, en italien ou en latin, etc. Si Hippias annonce ainsi l'émancipation tumultueuse de l'individu et de ses talents qui caractérisera la Renaissance, le dialogue sur le Beau avec Socrate prend une dimension nouvelle et surprenante.

La Renaissance fut pour une part un retour à la pensée de Platon. L'humaniste toscan Marsile Ficin fit redécouvrir Platon par ses traduc-

---

1. Le représentant le plus célèbre de ce mouvement philosophique grec (dont le nom vient de *kunos*, le chien) fut Diogène le Cynique qui vécut à l'époque d'Alexandre le Grand. À la différence d'Hippias, toutefois, les cyniques n'avaient que mépris pour les honneurs, les richesses et les conventions sociales. *Cf.* Nietzsche, *Le Voyageur et son ombre*, § 318. *Cf.* Glossaire, p. 88. \ 2. *Cf.* T. Gomperz, *Les Penseurs de la Grèce*, Alcan, Paris 1904, I. I, p. 457. *Cf.* Bibliographie, L. Robin, p. 164.

tions et tenta de réconcilier la pensée religieuse de Platon et des néoplatoniciens (Plotin) avec le christianisme. Pour Ficin, les Idées, ces réalités vers lesquelles, selon la tradition platonicienne, la pensée doit aller en se détachant des choses de ce monde, sont, pour ainsi dire, dans l'esprit même de Dieu, et la beauté des choses matérielles est un reflet lointain de la lumière divine. Mais à cette dimension religieuse de la Renaissance, issue directement des grands textes de Platon sur le beau (le *Phèdre*, le *Banquet*), vint s'ajouter, avec Alberti, une dimension humaniste, technicienne, encyclopédique, ivre de puissance et hantée par la découverte universelle, qui fut peut-être l'héritage du sophiste Hippias[1]. Le dialogue entre Hippias et Socrate introduit donc directement, non seulement à la pensée grecque sur le beau, mais aux grandes réflexions de la Renaissance sur l'« art ».

1. E. Panofsky, Idea. *Contribution à l'histoire du concept, de l'ancienne théorie de l'art*, Gallimard, Paris, 1984, p. 72.

510   500   490   480   470   460   450   440   430   420

Œuvres de Platon

Dates politiques et événements

Guerres médiques contre Darius et Xerxès

Domination d'Athènes

−499 ─────────── −477

−490 ●
Marathon

−480 ●
Salamine

−479 ●
Thémistocle fortifie Athènes

● −477
Platée

● −476
Confédération de Délos

−449 ─────────── −429
Rayonnement de Périclès

−431 ─
Guerre du Péloponnèse :
entre Athènes et ses alliés et Sparte et ses alliés

−421 ●
Paix de Nicias

−415 ●
Expédition de Sicile

Art et littérature

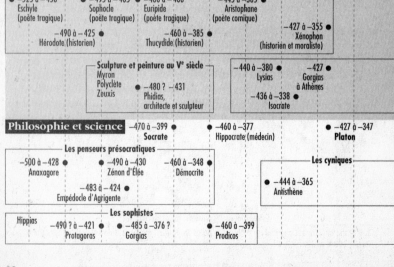

Poètes dramatiques et historiens du Ve siècle

● −525 à −456
Eschyle
(poète tragique)

● −495 à −405
Sophocle
(poète tragique)

● −480 à −406
Euripide
(poète tragique)

−445 à −385 ●
Aristophane
(poète comique)

−490 à −425 ●
Hérodote (historien)

−460 à −385 ●
Thucydide (historien)

−427 à −355 ●
Xénophon
(historien et moraliste)

Sculpture et peinture au Ve siècle
Myron
Polyclète
Zeuxis

● −480 ? −431
Phidias,
architecte et sculpteur

−440 à −380 ●
Lysias

−427 ●
Gorgias
à Athènes

−436 à −338 ●
Isocrate

Philosophie et science

−470 à −399 ●
Socrate

−460 à −377 ●
Hippocrate (médecin)

● −427 à −347
Platon

Les penseurs présocratiques

● −500 à −428
Anaxagore

● −490 à −430
Zénon d'Élée

● −460 à −348
Démocrite

Les cyniques

● −444 à −365
Antisthène

● −483 à −424
Empédocle d'Agrigente

Les sophistes

Hippias

−490 ? à −421 ●
Protagoras

● −485 à −376 ?
Gorgias

● −460 à −399
Prodicos

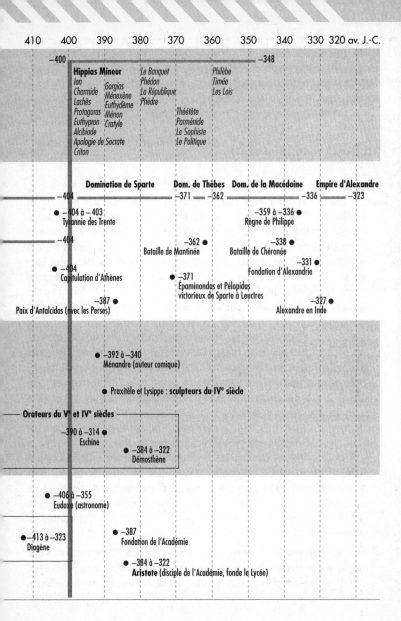

410 400 390 380 370 360 350 340 330 320 av. J.-C.

−400 ‖ −348

Hippias Mineur
Ion
Charmide   *Gorgias*   *Le Banquet*   *Philèbe*
Lachès   *Ménexène*   *Phédon*   *Timée*
Protagoras *Euthydème* *La République* *Les Lois*
Euthyphron *Ménon*   *Phèdre*
Alcibiade   *Cratyle*
Apologie de Socrate   *Théétète*
Criton   *Parménide*
                                         Le Sophiste
                                         Le Politique

Domination de Sparte   **Dom. de Thèbes**   **Dom. de la Macédoine**   **Empire d'Alexandre**
−404   −371 −362   −336 −323

● −404 à −403   −359 à −336 ●
Tyrannie des Trente   Règne de Philippe

−404   −362 ●   −338 ●
                        Bataille de Mantinée   Bataille de Chéronée
                                                           −331 ●
● −404   Fondation d'Alexandrie
Capitulation d'Athènes ● −371
                        Épaminondas et Pélopidas
                        victorieux de Sparte à Leuctres
        −387 ●   −327 ●
Paix d'Antalcidas (avec les Perses)   Alexandre en Inde

        ● −392 à −340
        Ménandre (auteur comique)

        ● Praxitèle et Lysippe : **sculpteurs du IVᵉ siècle**

─ **Orateurs du Vᵉ et IVᵉ siècles** ─
−390 à −314 ●
        Eschine
                ● −384 à −322
                Démosthène

● −406 à −355
Eudoxe (astronome)

● −413 à −323
Diogène   ● −387
                  Fondation de l'Académie

                ● −384 à −322
                Aristote (disciple de l'Académie, fonde le Lycée)

67

THÈMES ET PROBLÉMATIQUES

PROLOGUE (281a-286c)

Le thème du dialogue – le beau – n'est abordé qu'après un assez long prologue et semble ne surgir dans la conversation entre Socrate et Hippias qu'à l'occasion des « belles occupations » auxquelles Hippias vient de consacrer un discours à Sparte. Ce prologue met ironiquement en parallèle les anciens sages – les « Sept Sages » de la tradition – qui se seraient tenus volontairement en retrait de la vie politique, et l'attitude d'Hippias et des autres sophistes, ces « sages » modernes, qui savent habilement tirer parti de leur savoir-faire et s'y entendent à concilier la conduite des affaires publiques (ils représentent leur cité à Athènes) et celle de leurs affaires privées. Les sophistes se vantent ainsi de gagner beaucoup d'argent, le critère visible de l'efficacité dans une cité ouverte au commerce. Socrate ne manque pas cependant d'interroger Hippias sur les succès qu'il peut rencontrer à Sparte, la grande rivale d'Athènes, mais surtout, aux yeux de Platon et de Socrate, la cité des vertus militaires, du respect des traditions et du refus des innovations. Or, Hippias est bien contraint d'avouer qu'il n'a pas su convaincre les Spartiates de lui confier l'éducation de leurs enfants. Socrate le déplore ironiquement : les Lacédémoniens, en négligeant les leçons d'Hippias, ont manqué à la loi suprême qui commande de chercher ce qui est utile à la cité et donc, en l'occurrence, de choisir la méthode d'éducation la plus efficace, fût-ce celle d'un étranger. Les Lacédémoniens, assez entêtés de leurs traditions pour refuser les techniques modernes d'Hippias, ne réclament pourtant de lui que des vieilles légendes et des contes de nourrice (286a).

Sommes-nous loin du beau ? Oui, en apparence. Mais aux yeux des Grecs, les lois, les coutumes et les traditions peuvent être « belles », et la cité représente peut-être même pour eux la beauté par excellence, c'est-à-dire l'incarnation, dans la vie sensible, de l'idéal d'un législateur. En ce sens, les prétentions d'éducateur d'Hippias, qui veut se substituer, auprès des jeunes Spartiates, à leurs pères, conduisent naturellement Socrate à poser la question du beau, c'est-à-dire de ce qui mérite l'admiration et l'approbation, de ce qui est « excellent ». En louant ironiquement Hippias pour le succès matériel de ses leçons, mais en rappelant également que Sparte refuse de le prendre au sérieux, Socrate montre en fait les insuffisances des sophistes en matière d'éducation. En interrogeant Hippias sur le beau, et donc en lui demandant de définir l'excellence qui devrait être le but et le résultat de son enseignement, il montre la cause profonde de ces insuffisances : l'ignorance, l'absence de réflexion. Hippias, parce qu'il est bête, incarne aux yeux de Socrate la négation même de la beauté : il ignore le chemin vers le beau, c'est-à-dire le bien, que tracera *Le Banquet*.

Si elle est secrètement préparée par le prologue, la question de Socrate – comment définir le beau ? – provoque un effet de surprise voulu. Il faut être sensible au goût du jeu et de la manœuvre dans les dialogues de Platon. Socrate, tout en affichant une excessive modestie, cherche à surprendre l'adversaire en changeant brusquement de terrain, et, en bon stratège, il se garde de renoncer aux ressources de la dissimulation et du camouflage. Ainsi, pour qu'Hippias accepte la question qu'il lui pose et les critiques qu'il va lui adresser, Socrate invente un troisième personnage – un parent anonyme – qui apparaîtra par intermittence dans le dialogue et qui sera censé lui interdire de céder à Hippias. Cet « homme grossier qui ne se soucie que de la vérité » va représenter un véritable juge intérieur, plus sévère que Socrate lui-même (292a), dans lequel on peut voir un avatar de ce « démon » de Socrate qui dissuade parfois le philosophe d'entreprendre certaines actions et dont il est question dans l'*Apologie* (31cd).

L'embarras (en grec, *aporia*, 286c) de Socrate vient de la question suivante : quand on affirme qu'une chose (un être ou une action) est belle et une autre laide, au nom de quoi juge-t-on ? En se référant à quelle définition du beau ? En utilisant quel critère ?

Hippias va donner à cette question, avec une hâte et une assurance comiques, trois réponses qui sont autant de tentatives de définition. Mais ces définitions ne seront pas satisfaisantes, à la fois parce qu'elles resteront au niveau de l'opinion la plus commune (la *doxa*), et parce qu'elles seront fondées sur autant d'erreurs de logique. Hippias n'est pas capable, comme l'a suggéré le prologue, d'opérer cette conversion décrite dans le *Phédon* (100c) et qui nous fait accéder de façon rationnelle aux vraies réalités (le Beau, le Bon, le Juste en soi) en nous délivrant des contradictions du monde sensible, incertain et changeant.

Les trois définitions proposées par Hippias dans la deuxième partie du dialogue sont les suivantes :

– « Le beau, c'est une belle jeune fille. » (287e-289d)

– « Le beau, c'est l'or. » (289d-291d)

– « Le beau, c'est une vie heureuse. » (291d-293d)

LES TROIS EXEMPLES D'HIPPIAS (286c-293d)

Socrate prend soin d'attirer l'attention d'Hippias sur la portée de sa question en montrant qu'elle ne se limite pas à la seule beauté. C'est par la justice que les justes sont justes, c'est par la sagesse que les sages sont sages, c'est par le bien que les biens sont des biens. Socrate insiste sur la réalité de ces qualités distinctes des êtres individuels dans lesquels elles se trouvent : les belles choses sont belles par l'effet du beau qui est quelque chose de réel. Nous sommes là au commencement même de la pensée platonicienne, c'est-à-dire au moment où se forme son intuition la plus fondamentale : l'idée qu'il est possible d'accéder, par la recherche rationnelle, à une autre réalité que celle que nous croyons être l'unique réalité, celle des choses sensibles et changeantes. Peut-être faut-il, pour comprendre cette conversion, passer par l'expérience des mathématiques qui sont capables de nous faire saisir que l'idée de triangle ne peut être confondue avec les triangles réels qu'on peut dessiner ou tracer. Quoi qu'il en soit, nous avons ici la première apparition – si l'on admet que l'*Hippias majeur* fait partie des dialogues de jeunesse de Platon – de ce que l'on appelle la « théorie des Idées », qui trouvera son expression achevée dans le *Phédon* (en particulier 74d, 79d), *La République* (*cf.* Livre V, 476a) et *Le Banquet*. Cette théorie platonicienne des Idées[1], qui vient naturellement compléter

---

1. *Cf.* Glossaire, p. 89.

la recherche socratique des définitions, ne peut qu'échapper à Hippias, qui ne perçoit pas cette différence essentielle entre les « réalités » concrètes individuelles et l'Idée elle-même, entre les belles choses et le beau qui les rend belles. Pourtant, l'idée de beau est plus que d'autres – la sagesse, la justice, le bien, le courage, etc. – accessible, dans la mesure où sa recherche peut s'appuyer sur des manifestations immédiatement perceptibles, fussent-elles de peu de valeur ou de « mauvais goût », alors que l'examen des autres suppose une certaine formation morale préalable qui peut faire défaut chez l'interlocuteur.

LA BELLE JEUNE FILLE :
PREMIÈRE DÉFINITION (287e-289d)

Hippias, qui ne prend pas au sérieux le petit interrogatoire pourtant décisif de Socrate (287b-287e), et qui reste aveugle à la différence capitale que celui-ci vient d'introduire, propose une première définition du beau avec une remarquable assurance qui illustre très bien cette « précipitation » que le Descartes du *Discours de la méthode* nous recommande d'éviter soigneusement dans nos jugements. La plupart des dialogues socratiques commencent ainsi par un essai malheureux de définition (*cf.* l'*Euthyphron* 5c, le *Ménon*, etc.). Le beau, c'est une jeune fille : cette définition suscite l'admiration ironique de Socrate qui, à l'instar de nombre d'Athéniens de son époque, est plutôt sensible à la beauté des jeunes garçons, comme le montrent le charmant début du *Charmide* (155c-d) et les développements du *Banquet*. Il est vrai qu'Hippias, en proposant cette définition, ne fait peut-être que reprendre une tradition venue d'Homère et plus ouverte au charme des jeunes filles (*cf.* Nausicaa, la « fille au beau visage », au chant VI de *L'Odyssée*). Surtout, cette définition pèche contre les règles de la logique puisque Hippias utilise dans la définition le terme à définir (« le beau... c'est une belle jeune fille ») et qu'au lieu de proposer une définition générale, il se contente de donner un exemple particulier. Dans la *Logique de Port-Royal*, le plus réfléchi des manuels de logique classique (1662), Arnauld et Nicole[1] indiquent (II, XVI) que trois conditions sont nécessaires à une bonne définition : qu'elle soit « universelle » (c'est-à-dire

---

1. *Cf.* Index des noms propres, p. 93.

« qu'elle comprenne tout le défini », autrement dit la chose définie), « propre » (qu'elle ne convienne qu'au « défini »), et qu'elle soit claire (qu'elle nous serve à « avoir une idée plus claire et distincte de la chose qu'on définit »). Or, la première « définition » d'Hippias ne satisfait nullement au critère de l'universalité. Socrate va la réfuter en indiquant qu'une cavale, c'est-à-dire une jument, peut aussi être belle, qu'une lyre ou une marmite (288d) – exemple utilitaire et grossier, à l'opposé de celui donné par Hippias et choisi à dessein par Socrate – peuvent aussi participer de la beauté. Hippias est dès lors obligé de reconnaître, en s'inspirant d'Héraclite[1], la relativité des exemples du beau : si la plus belle marmite est laide en comparaison d'une belle jeune fille, la plus belle jeune fille est laide en comparaison d'une déesse. Hippias n'a donc pas indiqué ce qui est toujours beau, le beau « en soi » qui rend belles les choses où il se trouve (la jeune fille, la cavale et la marmite). Mais ne peut comprendre cette présence du beau dans les belles choses que celui qui est capable de détacher sa pensée, par une véritable conversion, des choses sensibles.

L'OR : DEUXIÈME DÉFINITION (289d-291d)

Or, la deuxième définition proposée par Hippias est tout aussi spontanée et naturelle que la première, puisque, pour lui, c'est l'or qui rend belles les choses auxquelles il vient s'adjoindre. Hippias donne ainsi une interprétation toute matérielle de la « cause » cherchée. La réfutation de cette définition, qui ne se fait pas attendre, reprend le procédé des contre-exemples : le sculpteur Phidias a-t-il eu tort d'employer l'ivoire et le marbre ou lieu de l'or pour le visage de son Athéna ? Hippias reconnaît que l'ivoire et le marbre peuvent être beaux quand ils « conviennent ». La notion de convenance[2] (290c) représente un progrès de la part d'Hippias, mais un progrès inconscient, et c'est pourquoi Socrate y reviendra. Mais il va d'abord montrer, en prenant l'exemple volontairement grossier d'une marmite pleine de légumes, qu'une cuillère en bois de figuier convient mieux à cette tâche culinaire qu'une cuillère en or, et donc que le bois de figuier est, dans certaines circonstances, plus « beau », parce que plus « convenable », que l'or. La « conve-

---

1. *Cf.* Index des noms propres, p. 93. \ **2.** *Ta prépon*, en grec. *Cf.* Glossaire, p. 88.

nance » n'est ici introduite par Socrate que pour réfuter, grâce au raisonnement par l'absurde, l'identification du beau et de l'or. L'importance de cette notion, qui préfigure l'idée de beauté fonctionnelle, n'est pas encore pleinement reconnue à ce moment du dialogue (Hippias, d'ailleurs toujours aveugle, ne veut pas répondre à cette question trop vulgaire). Il apparaît bien, en tout cas, que cette deuxième définition du sophiste n'a pas, elle non plus, ce caractère d'universalité qui caractérise une bonne définition ou, dans un langage plus platonicien, ne nous a pas fait découvrir le beau absolu, la réalité immuablement belle qui est présente dans toutes les belles choses (*cf. Banquet*, 21 1a).

UNE VIE HEUREUSE :
TROISIÈME DÉFINITION (291d-293d)

Même s'il semble comprendre ce que Socrate cherche (291d), Hippias ne parvient pas à se hisser au niveau de la définition authentique de l'essence, puisque sa troisième tentative de définition est encore un exemple : « être enseveli par ses descendants après avoir rendu le même devoir à ses ancêtres ». Pour Hippias, l'universalité de la définition se confond avec l'opinion la plus répandue parmi les Grecs. Il demeure prisonnier des opinions subjectives, et donc contradictoires ; il n'est pas encore parvenu à l'essence objective exprimée dans une définition.

Une nouvelle fois, Socrate va réfuter cette définition en citant d'autres exemples contraires : l'idéal de belle vie et de belle mort que propose Hippias – conforme à la sagesse populaire grecque – n'est pas vraiment universel. Il ne peut être partagé par les héros comme Achille qui rêvent de gloire et de mort précoce et par les dieux qui sont immortels. Socrate lui-même, comme le montre l'*Apologie*, ne partage pas pleinement cet idéal, puisqu'il préférera mourir pour d'autres valeurs. Cependant, quelque incomplète et insatisfaisante que soit cette troisième définition, elle marque un nouveau progrès dans la mesure où elle tend vers une certaine universalité (tous les hommes pensent que…) qui préfigure l'universalité de l'essence, et surtout parce qu'elle place le problème du beau sur le plan moral. Les premiers exemples d'Hippias faisaient appel, pour définir le beau, à l'expérience du désir et de la jouissance de l'homme. Hippias exprimait avec candeur une attitude commune et naturelle : la confusion entre le beau et l'agréable, entre le plaisir esthétique et le plaisir des sens. Kant, dans la *Critique de la faculté de juger*, cherchera précisément à distinguer ceux-ci en définissant le beau comme « l'objet d'une satisfaction désintéressée ». La troisième définition, sans rejeter totalement cette expérience première du beau-agréable et de la jouissance « intéressée », nous propose un idéal de vie achevée et en quelque sorte accomplie par une mort conforme aux traditions, une vie attachée aux biens de ce monde et en même temps résignée à les quitter. Sans doute cet idéal n'est-il pas partagé par tous et n'est-il donc pas toujours beau. Mais Socrate peut-il sans excès juger que cet exemple est « plus ridicule » que les premiers ? (293c) Socrate – ne l'oublions jamais – suit toujours sa propre stratégie, faite de détours et de manœuvres. Avant d'aborder la question de fond – qu'est-ce qu'une belle vie ? –, il convient de s'y préparer intellectuellement, par des exercices. Hippias n'est pas encore en mesure de dialoguer réellement avec Socrate sur la belle vie et la belle mort. Il n'est pas un de ces disciples que nous présente le *Phédon*. Avant tout enseignement, à supposer qu'il pût, lui, le sophiste, en recevoir, il a besoin de faire l'expérience, sur une question qu'il juge mineure, de son ignorance et des apories, c'est-à-dire des impasses, où mènent les opinions acceptées sans réflexion.

Socrate, qui se dissimule toujours derrière le troisième personnage anonyme – commode prétexte –, va donc proposer de lui-même, à la place d'Hippias défaillant, trois définitions de la beauté, qui aboutiront à une conclusion négative ironiquement résumée dans un proverbe, mais qui présentent en fait un véritable tableau des définitions possibles de la beauté, sinon même un système du beau :

– La convenance (293e).

– L'utile et l'avantageux (295b).

– Le plaisir (297e).

LES TROIS DÉFINITIONS DE SOCRATE (293e-304e)

LA CONVENANCE (293e-295a)

Socrate propose, de façon en apparence arbitraire, et pour sortir de l'embarras, de retourner à la notion de convenance qui est apparue lors de la réfutation de la deuxième définition (290c) et qui est maintenant posée directement comme une définition de l'essence du beau, c'est-à-dire comme une hypothèse dont il faut examiner la valeur.

Il ne s'agit pas de conduire l'interlocuteur au niveau de l'essence en général – ce qui suppose une vraie conversion qu'Hippias en fait n'a pas accomplie – mais d'identifier une essence[1] : l'idée du beau, en éprouvant la solidité de définitions-hypothèses.

La convenance peut être esthétique (l'ivoire convient pour le visage de la statue) ou fonctionnelle (la cuillère en bois pour la cuisine). Elle est donc tantôt l'expression d'une adéquation entre les parties et le tout, tantôt celle d'un accord entre les moyens et la fin. Dans le premier cas (la statue de Phidias), la convenance est l'autre nom de l'harmonie, qui, pour un Grec, est le principe même de la vraie beauté, comme le montre tel passage du *Banquet* (206d) ou du *Philèbe* (26a-b). Chercher la vraie beauté dans la convenance, c'est chercher une beauté qui est en fin de compte l'objet d'une vision intellectuelle. C'est l'intelligence, et non la sensibilité, qui aperçoit le rapport entre la partie et le tout, l'harmonie entre le détail et l'ensemble, la convenance entre les couleurs et le dessin, la proportion, si importante dans l'architecture. On peut s'étonner, dans ces conditions, de voir Socrate réfuter une thèse qui accorde, dans l'expérience de la beauté, la première place à l'intelligence.

Mais il suffit d'examiner l'argument de Socrate pour entrevoir le vrai sens de cette réfutation provisoire ; Socrate critique, non l'idée de convenance en elle-même, mais la convenance telle qu'Hippias la conçoit, c'est-à-dire la convenance de l'apparence. La convenance, pour celui-ci, peut qualifier un vêtement (294a) (*cf.* en français l'expression « ce vêtement vous va bien »). C'est pourquoi Socrate introduit la distinction entre l'être et l'apparence, entre la convenance qui rend les choses

---

1. *Cf.* Glossaire, p. 89.

réellement belles parce qu'elle naît d'une harmonie réelle et celle qui leur donne seulement l'apparence de la beauté. Socrate indique, ce faisant, qu'il cherche une beauté paradoxalement mystérieuse et secrète, qui peut rendre les choses harmonieuses sans que celles-ci apparaissent nécessairement belles à tous. En d'autres termes, Socrate, d'une façon qui préfigure le cheminement du *Banquet*, nous met sur la voie d'une beauté qui n'est pas celle des apparences, du vêtement, du maquillage et de la parure, mois une beauté réelle, saisie – faut-il croire – par la pensée seule. Nous voyons transparaître une exigence qui anime la pensée platonicienne dans son ensemble : ne pas se contenter des apparences contradictoires, des opinions toujours changeantes, et se mettre en quête d'une réalité stable et éternelle. Malheureusement, Hippias, trop habile à jouer – en sophiste – des opinions contraires, ne peut suivre Socrate dans cette voie et choisit de considérer, sans même voir l'enjeu, que la convenance ne produit que l'apparence de la beauté (294e). Mais Socrate a-t-il vraiment raison de considérer qu'il a réfuté Hippias et que la thèse d'Hippias ne peut donner aucune connaissance sur le beau ? L'argument en forme d'alternative (« ou l'être… ou l'apparence… »), quoique frappant, ressemble assez aux arguments proprement sophistiques dont on voit de nombreux exemples dans l'*Euthydème*. Le *Banquet* développera une pensée plus subtile dans la mesure où il reconnaîtra que les belles choses peuvent être dites des « manifestations » de la beauté sans être pour cela des contrefaçons ou des tromperies. Bien plus, c'est sur le refus de cette alternative trop tranchée entre l'« apparence » trompeuse et la réalité pure mais invisible que Hegel fondera son esthétique, avec l'idée que l'apparence est aussi apparition de l'essence et que toute vérité a besoin d'apparaître, c'est-à-dire de se manifester, pour ne pas rester abstraite[1].

L'UTILE ET L'AVANTAGEUX (295b-297e)

Cependant, voyant qu'Hippias refuse de s'engager plus avant dans cette voie et qu'il prétend toujours pouvoir répondre à la question posée, à condition qu'il puisse réfléchir seul quelques minutes (295a), Socrate propose une deuxième définition de la beauté, fort proche de la première

---

1. Hegel, *Introduction à l'esthétique*, Aubier-Montaigne, Paris, 1964, p. 37.

et pourtant différente : « Le beau est ce qui est utile » *(to chrèsimon)* (295c). Est « beau », par conséquent, ce qui est bien adapté à sa fonction, ce qui remplit bien sa fonction, ce qui fait bien son œuvre *(ergon)*. Peut-être s'agit-il ici de la conception propre de Socrate : celle que lui attribuent, en tout cas, les *Mémorables* et *Le Banquet* (chapitre V) de Xénophon. *La République* (601d) prend cette thèse comme un principe acquis : « Est-ce que mérite, beauté, rectitude, pour chaque objet fabriqué, pour chaque vivant, pour chaque action, n'existent pas par rapport à rien d'autre, sinon à la satisfaction d'un besoin, satisfaction par rapport à laquelle ce dont il s'agit a été fabriqué ou bien existe naturellement[1] ? ». Si le beau réside dans l'adaptation à la fonction, nous changeons de plan par rapport à la définition précédente (la convenance esthétique). Celle-ci se situait sur le plan de la contemplation, ou du regard, qui pouvait découvrir une harmonie réelle, ou se satisfaire d'une beauté apparente, de surface. La nouvelle définition, qui se rattache à l'exemple de la cuillère en bois de figuier (ce que nous avons appelé la convenance fonctionnelle), nous place sur le plan de la technique *(technê)* et donc des « arts », même si les premiers exemples de beauté de l'utile sont pris dans le monde du vivant : l'œil qui est beau, parce qu'il nous permet de voir, le corps qui est beau, parce qu'il nous permet de courir. Socrate souligne ici la continuité qui relie les organes naturels spécialisés (l'œil), l'organe général (le corps) et les organes-instruments que l'homme sait fabriquer de ses mains et qui lui donnent une puissance[2] *(dunamis)* accrue. Si le beau se définit comme l'utile, est beau ce qui a la capacité d'atteindre un but déterminé, et donc ce qui a une « puissance » déterminée. Cette thèse, à laquelle Hippias souscrit tout de suite parce qu'il lui donne une interprétation immédiatement politique et pratique – est beau le pouvoir politique –, ne peut que scandaliser Socrate parce qu'elle est fondamentalement immorale : ceux qui se trompent et agissent mal involontairement (le tyran, par exemple, qui croit faire le bonheur de son peuple et le sien) ont bien le pouvoir, la « puissance » d'agir ainsi. Mais ils se trompent. Est-il possible, dans ces conditions, se demande Socrate, de considérer qu'est belle la puissance qui peut servir à faire le bien ou le mal indifféremment ? L'utile n'est beau que dans la mesure où il sert à faire ce qui est bien. Socrate propose donc de spécifier cette deuxième définition, en posant que le beau est

---

1. Traduction L. Robin, coll. « Bibliothèque de la Pléiade », Gallimard. \ 2. *Cf.* Glossaire, p. 102.

l'« avantageux », le « bienfaisant », c'est-à-dire ce qui est absolument utile et ce qui répond à notre intérêt véritable (296e). On peut voir dans cette page la formulation d'un thème commun à tous les dialogues de la première période, et singulièrement moderne : la critique de l'efficacité technique, soucieuse exclusivement d'accroître la puissance de l'homme, et indifférente aux fins qu'il doit poursuivre, ne serait-ce que pour parvenir au bonheur.

Mais, de même qu'il a réfuté sa première définition par une argumentation presque sophistique, Socrate entreprend de détruire cette deuxième définition en développant un raisonnement bien étrange. Il ne faut jamais oublier, quand on veut suivre la pensée de Socrate, que le critique des sophistes peut employer les armes de ses adversaires, ne serait-ce que pour montrer qu'il est aussi habile qu'eux et que ses prétentions ne sont pas le fait de l'impuissance et du ressentiment. Socrate est un jouteur, un escrimeur qui aime pousser des bottes. Tant mieux si l'interlocuteur y pare. Ce faisant, il s'exerce et apprend. Hélas, Hippias ne saura répondre à Socrate qui, après avoir posé que la cause est distincte de l'effet, affirme que le beau, « cause » du bien, n'est pas le bien (« Le père n'est pas le fils », 297b). Cette conclusion paraît inacceptable aux deux interlocuteurs (297c) qui considèrent qu'entre le « bien » et le « beau », il doit y avoir équivalence. Les Grecs, en effet, aimaient qualifier de « beau et bien » *(kalonkagathon)* ce qui, à leurs yeux, avait beaucoup de valeur. Hippias, en refusant de distinguer le « beau » et le « bien », ne fait que suivre la sagesse commune. Socrate, lui, cherche autre chose – d'où le malentendu permanent entre les deux interlocuteurs – et se pose un problème qui ne trouvera sa solution que dans l'analyse de la nature « démoniaque » de l'amour et du beau dans *Le Banquet*, et dans l'examen du bien entrepris dans *La République*. Dans *Le Banquet*, Diotime, la mystérieuse étrangère qui initie Socrate, affirme en effet que l'Amour n'est ni un Dieu ni un mortel, mais un Démon et que c'est grâce à lui que se révèle le Beau véritable, seul capable de rendre immortel. Mais *La République*, notamment par le « mythe de la Caverne », montre que le vrai Bien ne se révèle qu'à la pensée pure seule, sans le secours des sens[1]. Quoi qu'il en soit, au terme

---

1. *Cf.* le *Phèdre* : « Si de toutes les sensations que nous procure le corps, celle qui se présente avec le plus d'acuité est effectivement la vue, par la vue cependant nous ne voyons pas la Pensée » (250d).

d'un raisonnement par l'absurde bien mené, mais peu convaincant sur le fond, la deuxième définition socratique est rejetée par Socrate lui-même, alors qu'elle était la plus proche, sans doute, de sa conception propre.

LES PLAISIRS DE L'OUÏE ET DE LA VUE (297e-304e)

Nouvel aveu de détresse de la part de Socrate et nouvelles promesses d'Hippias (297e) auxquelles le philosophe coupe court en proposant une troisième définition qui fait intervenir un élément tout à fait nouveau : le plaisir sensible, « esthétique ».

Nous sommes ici au seuil d'une esthétique moderne fondée sur l'expérience sensible particulière, dont Socrate énumère les objets : d'un côté, les beaux hommes, les belles tapisseries, les belles peintures, les belles sculptures ; de l'autre, la musique, les beaux discours, les belles fables.

Le beau serait ce qui nous donne du plaisir par l'entremise de deux sens seulement, l'ouïe et la vue. À cette définition, Socrate oppose tout de suite un contre-exemple qu'il ne développe pas (« les belles mœurs », « les belles lois », 298b) mais qui mériterait une analyse, dans la mesure où il suggère qu'au-delà de la beauté sensible, il peut y avoir une autre beauté, morale, dont la première ne serait en fait que le symbole et la manifestation. Mais, au lieu d'emprunter cette voie qui sera celle du *Banquet*, Socrate va soumettre cette troisième définition à une critique purement logique, assez complexe, qui va prendre, globalement, la forme d'une réfutation par l'absurde. Ces pages donnent un bel exemple du rythme si particulier des dialogues : une longue partie (300b-302b) va être consacrée à l'opposition de deux types de concepts (concepts quantitatifs et concepts qualitatifs) et l'argumentation essentielle sera ramassée en quelques lignes (303b-d).

Plus qu'ailleurs, il importe de dégager ici le nerf de l'argumentation.

Première étape : Par hypothèse, les plaisirs de l'ouïe et de la vue sont beaux, sont le beau par excellence. Le beau est donc considéré comme une partie de l'agréable (ensemble des plaisirs, 298d), celle qui a pour origine la vue et l'ouïe. Mais par quoi les plaisirs du beau se distinguent-ils des autres plaisirs qui accompagnent certaines fonctions comme manger, boire, aimer ou sentir ? Ces plaisirs du beau nous viennent tantôt par la vue et tantôt par l'ouïe. Mais cette double origine ne peut nous donner un critère satisfaisant pour les distinguer des autres plaisirs liés au goût, au toucher ou à l'odorat. En effet, comme le remarque tout de suite Socrate (299c), ce qui est agréable pour la vue n'est pas nécessairement agréable pour l'ouïe (à moins de supposer quelque mystérieuse « synesthésie[1] »). Le plaisir de la vue est beau, le plaisir de l'ouïe est beau, les deux réunis sont beaux. Mais nous n'avons pas découvert le caractère unique commun aux plaisirs du beau réunis, et à chacun séparément.

Deuxième étape : Hippias s'étonne (300b) : peut-il y avoir une qualité commune à deux objets réunis, qui n'appartiendrait pas à chacun d'eux quand ils sont séparés ? Socrate va devoir entreprendre une assez longue digression pour montrer à Hippias qu'un tel cas peut se produire. Pourtant, comme le note Hippias avec bon sens, si Socrate est juste et si Hippias est juste, ils sont bien justes tous les deux. Mais que répondre à l'exemple de Socrate (302a) : chacun de nous est « un », et ensemble nous sommes « pair » ? L'ensemble formé par Socrate et Hippias a donc une propriété (« être-pair ») qui n'appartient pas à chaque élément (« impair »). De même, pour reprendre l'exemple d'Aristote[2] dans les *Topiques* (VI, 13), deux hommes peuvent posséder un million à eux deux, bien qu'aucun des deux ne l'ait séparément.

En attirant l'attention sur cette propriété de certains concepts, Socrate est conduit à distinguer les concepts qualitatifs (comme « juste ») et les concepts quantitatifs, qui ne sont rien d'autre que des collections formées par addition d'éléments. Dans ces concepts, le tout (par exemple, le nombre 6) est distinct des parties (1 + 2 + 3) et il suffit d'ôter un élément pour qu'il change ou disparaisse. Dans les concepts qualitatifs, au contraire, le tout n'est pas distinct des parties et l'on a plutôt une relation entre modèle et images. Or, une image ne cesse pas d'être une image du modèle à cause d'une lacune ou d'une surcharge (*Cratyle*, 432a). Dans l'exemple donné, Socrate et Hippias, quand ils sont « justes », sont des images imparfaites de la justice, et non les parties d'un tout.

Troisième étape : La beauté, dans le plaisir produit par la vue et par l'ouïe, appartient à la fois à l'ensemble et aux parties. Si le plaisir de la

---

1. La synesthésie est la perception simultanée d'une qualité par plusieurs sens. \2. *Cf.* Index des noms propres, p. 92.

vue et celui de l'ouïe sont beaux, c'est par quelque essence encore inconnue qui se trouve à la fois chez tous ensemble et chez chacun : Socrate cherche un concept qualitatif de la beauté, qui en montre l'unité.

Or, venir de l'ouïe et de la vue est une propriété qui appartient au couple mais pas à chaque plaisir en particulier. Cette définition repose sur un concept quantitatif et ne répond donc pas à ce qu'on cherche (une propriété qui appartienne à l'ensemble et aux parties, comme « juste » ou « riche ») (303a). Elle est donc réfutée par l'absurde, de sorte que Socrate peut proposer une ultime formule – le beau réside dans le plaisir avantageux – qui nous fait retourner à la deuxième définition déjà proposée (le beau est l'avantageux, 296e) et qui nous ramène à l'objection déjà avancée, qui consiste à opposer le beau et le bien qu'il engendre (304a).

Cette réfutation un peu difficile ne doit pas nous cacher l'importance de cette formule rapide qui oppose aux beaux plaisirs nés de la vue et de l'ouïe un plaisir avantageux, c'est-à-dire un plaisir beau parce que tourné vers une bonne fin, et qui va dans l'intérêt même de l'homme. C'est le thème du *Gorgias* et du *Philèbe* qui opposera les plaisirs qui satisfont un besoin physiologique et qui comblent seulement un manque et les plaisirs « purs », sans mélange, qui donnent naissance à une beauté absolue (*Philèbe*, 51c).

Mais là encore, comme plus haut (301b), Hippias s'emporte contre Socrate et sa démarche analytique (304a), qui divise et distingue sans cesse. Aux doutes et aux chicaneries de Socrate, Hippias oppose ses certitudes tirées de la vie politique et sociale. La beauté, selon lui, réside dans la puissance et l'art de persuader les hommes par la parole. La beauté, finalement, c'est survivre quand on est en danger et savoir s'imposer aux autres : beauté du tyran, de la force. N'est-ce pas une façon de critiquer par avance le comportement de Socrate lors de son procès, incapable – ou peu soucieux – de présenter une défense efficace, et comme résigné à son sort ? Socrate, tout en complimentant l'« heureux » Hippias, avoue sa perplexité dont il fait semblant de rendre responsable quelque malédiction divine, où l'on peut voir le « démon » dont il est question dans l'*Apologie* (31c), cette voix intérieure qui le dissuade de s'engager dans les affaires publiques et la politique. Ici, c'est le parent anonyme qui interdit à Socrate de disserter sur les belles actions ou les beaux objets sans connaître la nature du beau. Une vie qui se complaît à l'ignorance vaut-elle la peine d'être vécue ? Vaut-elle mieux que la mort ? En se dissimulant derrière ce tiers anonyme, Socrate répond ainsi au culte de la vie à tout prix d'Hippias et légitime par avance son attitude dans l'*Apologie*, le *Criton* et le *Phédon*. Mais cette grave question n'est ici qu'esquissée, et c'est sur une allusion faussement naïve à la sagesse limitée d'un proverbe – *les belles choses sont difficiles* – que s'achève le dialogue.

Cette conclusion ironique montre que l'*Hippias majeur* est, comme d'autres dialogues « socratiques » de Platon, un dialogue « aporétique », c'est-à-dire un dialogue qui n'apporte pas de réponse claire et définitive à la question posée, et qui semble donc avoir conduit les interlocuteurs dans une « aporie[1] » (du grec *aporia* : difficulté, embarras). Est-ce à dire que nous devons nous sentir frustrés par cette conclusion négative qui rendrait rétrospectivement vaine toute la recherche menée ?

Tout d'abord, le caractère aporétique d'une œuvre n'est pas en soi quelque chose de négatif, pour une pensée moderne qui se méfie du dogmatisme et qui ne croit pas à l'absolu classique, en art comme en philosophie. En outre, le chemin parcouru n'est pas négligeable, puisque les définitions proposées par Socrate ont finalement permis d'explorer le domaine du beau d'une façon peut-être complète : le beau a été successivement défini en fonction de l'harmonie, en fonction de l'avantageux (et donc du bien), et enfin en fonction du plaisir. Nous voyons ainsi s'esquisser ici, malgré les réfutations successives, un véritable système du beau : le beau est cherché tout d'abord dans la « convenance », expression de l'ordre, de l'harmonie et de la rationalité. Le beau est ici par excellence proportion, relation rationnelle et même mesurable entre les parties et le tout. Ensuite, le beau, défini comme l'« utile » et l'« avantageux », apparaît tendu vers autre chose que lui, vers le bien. Il ne s'agit plus ici d'une sereine qualité des choses. Est beau ce qui se dépasse vers autre chose. À l'immanence de l'harmonie s'oppose la transcendance vers le bien. La troisième définition nous fait retourner vers le monde sensible, vers les plaisirs de l'ouïe et de la vue, plaisirs plus purs sans doute que les autres, mais plaisirs sensibles tout

---

1. *Cf.* Glossaire, p. 87.

de même. Après l'élan vers le bien, le beau retourne dans le monde des images, à l'instar du philosophe de *La République* qui revient dans la caverne. N'est-ce pas la totalité des conceptions possibles du beau que nous voyons ici développée : le beau « classique », qui se confond avec l'harmonie rationnelle des choses, le beau « moral », qui est chez l'homme tension vers le bien, et le beau « esthétique », qui se fonde sur une expérience sensible ?

En ce sens, le dialogue platonicien – forme jamais égalée de la réflexion philosophique – est lui-même un exemple accompli de cette triple définition du beau. Le lecteur, sans cesse sollicité par une ironie qui fait d'abord appel à l'intelligence, découvre peu à peu le plan jamais apparent de l'œuvre, ces relations entre les parties dans un tout organisé qui font le « beau » classique. En même temps, il devine dans le dialogue, même lorsque celui-ci n'aboutit pas, cet élan vers une seule intuition, presque informulable, qui est le principe du beau « moral ». Mais la réflexion philosophique, qui se complaît parfois à d'arides développements, se présente souvent aussi, chez Platon, sous une apparence singulièrement vivante, colorée et même passionnée. Dans l'*Hippias majeur*, Socrate le subtil et l'arrogant Hippias sont des interlocuteurs bien réels, et cet aspect littéraire et proprement « esthétique » du dialogue est sans aucun doute une des raisons de sa durable et paradoxale influence dans les discussions d'esthétique.

Mais, si le dialogue sur le beau est aporétique, n'est-ce pas enfin parce que l'objet même, le beau, ne se laisse pas saisir de façon univoque ? Le beau est une réalité mystérieuse et contradictoire : il révèle dans les choses et les êtres un élan vers le bien et donc vers l'idée suprasensible, mais en même temps il ne peut se détacher du monde sensible, si divers et si changeant. Le beau ne peut recevoir de définition stable parce qu'il ne cesse de faire passer l'homme de l'idée aux images, des « idoles » à l'idée.

SIGNIFICATION DE L'ŒUVRE

L'*HIPPIAS MAJEUR* ET *LE BANQUET*[1]

L'*Hippias majeur*, qui reflète sans doute directement la pensée de Socrate, pose un problème qui recevra dans les grandes œuvres ultérieures une solution proprement platonicienne. Diotime, la mystérieuse femme de Mantinée, qui, dans *Le Banquet*, révèle la vraie nature de l'amour à Socrate, joue auprès de celui-ci le rôle du troisième personnage anonyme. Mais, alors que dans l'*Hippias majeur*, conformément à une exigence simplement logique, les belles choses sont juxtaposées comme autant d'exemples destinés à vérifier la valeur d'une définition, *Le Banquet* ordonne les belles choses selon une gradation qui doit conduire l'initié à la découverte de l'Idée du beau. La beauté des corps doit entraîner l'amant à la découverte de la beauté des âmes et des occupations, puis à l'apprentissage de la beauté des connaissances, qui culmine avec la vision soudaine d'une beauté absolue, une et éternelle (*Le Banquet*, 21la). L'« instruction amoureuse » du *Banquet* ne se confond pas avec la recherche d'une définition générale et exige une conversion de l'âme tout entière. C'est l'amour, absent de l'*Hippias majeur*, qui transforme la recherche logique en quête presque religieuse. La multiplicité des belles choses, qui posait un problème logique dans l'*Hippias majeur*, devient ainsi la condition même de la révélation de l'Idée unique du beau, qui est présente à des degrés divers dans chacune d'elles. L'Idée du beau occupe de fait une position intermédiaire : elle est, en tant qu'Idée, présente dans le monde suprasensible éclairé par l'Idée du bien, mais elle est liée, par ses manifestations, au monde sensible. Elle invite l'âme à dépasser le monde des sens pour se joindre à elle, mais elle accorde aux belles choses visibles – aux « idoles » – la valeur, la légitimité d'un degré dans l'initiation.

L'*HIPPIAS MAJEUR* ET LES « BEAUX-ARTS »

Le beau est un thème qui nous semble immédiatement accessible. Chacun pense avoir assez de lumières pour porter un jugement d'au-

---

1. La synthèse entre l'*Hippias majeur* et *Le Banquet* fut réalisée par le philosophe néo-platonicien Plotin (*cf.* Index des noms propres, p. 93) dans le traité « Du beau » de ses *Ennéades* (I, VI).

tant plus assuré que « des goûts et des couleurs on ne discute pas ». Mais prenons garde à la distance qui nous sépare de l'*Hippias majeur*. Nous sommes, depuis le XVIIIe siècle, sous l'emprise d'une conception « esthétique » du beau qui place celui-ci moins dans les choses mêmes que dans les jugements que nous formons à leur propos. Le « goût », qui désignait à l'Âge classique la faculté chez un honnête homme de reconnaître et d'appliquer les règles universellement valables de la beauté, en est venu à désigner le droit pour chacun de trouver beau ce qui lui agrée. « Affaire de goût », dira-t-on, pour signifier le droit naturel de chacun au mauvais goût.

Nous sommes, d'autre part, entrés dans une crise des « beaux-arts » qui met fin à une longue période (de la Renaissance à la fin du XIXe siècle) pendant laquelle l'art grec a été considéré comme la manifestation privilégiée de la beauté. Nous avons perdu aujourd'hui ce modèle idéal, et l'art s'est détaché du beau classique pour trouver d'autres raisons d'être (le désir, le langage, la société). Le surréalisme a joué, à cet égard, un rôle déterminant. Or, la lecture de l'*Hippias majeur* nous fait retourner non seulement aux débuts de l'ère des beaux-arts, à la Renaissance (nous l'avons vu avec le rapprochement entre Hippias et Alberti), mais à ce monde grec qui lui a donné l'idée du beau idéal dans l'art.

L'*Hippias majeur* nous donne donc l'occasion de pratiquer une double archéologie : archéologie de la « conception esthétique » et archéologie des « beaux-arts ».

Or, pour Socrate et Platon, le beau existe comme une réalité en soi distincte de nos opinions et de nos jugements, si variables et contradictoires. Le beau n'est pas pour eux « affaire de goût », et l'on peut en définir les règles (l'harmonie, la proportion).

Mais si l'on fait la liste des choses objectivement belles, on constate que les œuvres d'art en tant que telles sont presque absentes des exemples donnés par Hippias et Socrate. Ceux-ci, comme tous les Grecs, ne cherchent pas la beauté dans les « beaux-arts » (la peinture, la sculpture, l'architecture), mais dans les êtres naturels (la jeune fille, l'athlète), la matière (l'or, le marbre), les produits de la technique et surtout la « politique » au sens large, autrement dit tout ce qui concourt à l'organisation de la cité : les mœurs, les lois, les habitudes.

Cette absence de l'œuvre d'art dans une réflexion sur la beauté est bien surprenante quand on songe que l'art grec a été pendant longtemps l'idéal même de la beauté en art, et qu'il a fourni le modèle de la beauté physique (le « canon » de Praxitèle[1]). Socrate cite, il est vrai, un certain nombre d'artistes grecs comme Dédale ou Phidias. Mais la création artistique n'a nulle part le privilège que nous lui accordons si volontiers aujourd'hui. Comme on l'a noté, « dans le chœur des Neuf Muses filles d'Apollon, qui président aux nobles loisirs de l'esprit, il n'en est aucune qui ait en charge l'architecture et les arts plastiques[2] ». L'artiste grec est considéré d'abord comme un artisan qui a appris de ses prédécesseurs l'art de fabriquer un objet qui remplit bien sa fonction, quand bien même celle-ci serait sacrée. L'artisan accompli n'est pas un créateur de génie, ivre de liberté, mais un homme d'ordre qui sait créer de belles choses en gardant son regard fixé sur un modèle immuable. En ce sens, le législateur est, pour Platon, l'artisan-artiste par excellence[3].

1. Cf. Index des noms propres, p. 93. \2. F. Chamoux, La Civilisation grecque, Arthaud, Paris, 1963, p. 330. \3. Cf. La République, 501c.

OUTILS COMPLÉMENTAIRES

GLOSSAIRE

ANALOGIE

À strictement parler, l'analogie est une égalité entre deux rapports : en posant que A est à B ce que C est à D, elle permet de mettre en évidence des similitudes entre deux choses (A et C) appartenant à deux domaines différents, sans affirmer leur identité. Socrate propose ainsi, ironiquement, à Hippias d'établir une analogie entre, d'une part, les progrès dans les arts, qui font que les artisans et les artistes d'aujourd'hui sont supérieurs, techniquement, à ceux de jadis, et, d'autre part, les progrès dans le domaine de la sagesse (284d). Ce rapprochement, que l'on retrouve dans le *Gorgias* (491a), ne veut pas dire que les sophistes doivent être assimilés à des artisans, mais sert à mettre en lumière la confiance que Hippias et ses collègues mettent dans le progrès Inutile de dire que Socrate, pour sa part, s'oppose vivement – comme plus tard Rousseau – à l'idée que l'on puisse déduire des progrès matériels dans les arts et les métiers la preuve d'un progrès dans la sagesse.

APORIE

Aporie (en grec, *aporia*, 286c) vient du grec *poros* (l'issue, la voie) et désigne l'impasse logique dans laquelle Socrate, après avoir longuement examiné telle ou telle définition, se retrouve, ou fait mine de se retrouver, dans les dialogues de Platon dits « aporétiques ». Ces dialogues semblent donc se conclure sur un aveu d'échec, puisque aucune définition n'a résisté à la critique : l'*Hippias majeur* est un parfait exemple de ce type de dialogue, puisque aucune définition du beau ne résiste à l'examen de Socrate, qui conclut simplement en disant qu'il a appris le sens du proverbe « les belles choses sont difficiles ». Mais l'embarras dans lequel les interlocuteurs se trouvent à plusieurs reprises (par exemple 295a) et à la fin de l'échange (304a), loin de susciter le découragement, doit inciter l'esprit à poursuivre sa quête de la vérité. Toutefois, il est certain que, quand il ne débouche ainsi sur aucun résultat positif et s'achève sur cette seule conclusion que, sur les choses les plus importantes de la vie, l'on sait que l'on ne sait rien, pour reprendre l'expression de Socrate dans l'*Apologie*, le dialogue aporétique risque de rappeler l'art purement négatif de la discussion chez les sophistes, l'éristique. Platon lui-même soulignera qu'existe entre le philosophe et le sophiste une proximité inquiétante, celle du « chien au loup » (*Le Sophiste*, 231a), et c'est pourquoi sa propre pensée s'efforcera par la dialectique de dépasser cette étape en apparence exclusivement critique.

CONVENANCE

La convenance (en grec, *to prepon*, 293e) est la conformité d'un objet, dans sa matière et sa forme, à l'usage pour lequel il a été fabriqué, à la fonction qu'il doit remplir. La notion de convenance apparaît une première fois dans le dialogue dans le contexte de la deuxième définition d'Hippias (est beau ce qui est en or). Le sophiste avait dû reconnaître que, pour une belle « purée de légumes », une cuillère en bois de figuier convenait plus qu'une fragile cuillère en or (290d). Il faut distinguer la convenance fonctionnelle, qui réside dans la parfaite adaptation de l'objet à la fonction, et qui est un facteur de beauté vraie, de la convenance simplement esthétique, ou apparente, qui fait paraître plus beau. Hippias, en prenant l'exemple du vêtement, qui « va bien » à une personne, en reste à cette deuxième définition (294a), alors que Socrate semble vouloir lui montrer la validité de la première définition, qui peut donner naissance à une véritable esthétique, au sens moderne du terme (le fonctionnalisme).

CYNIQUE

Le terme vient de *kunos*, chien, en grec. Au sens exact et historique du terme, les cyniques sont des philosophes appartenant à une école qui prônait une vie suivant la nature, libre, débarrassée des conventions sociales, et dont le représentant le plus célèbre a été Diogène le Cynique (un contemporain d'Aristote, 413-327 av. J.-C.).

DIALECTIQUE

Proche, étymologiquement, de « discussion » et de « dialogue », la dialectique est le procédé intellectuel par lequel Socrate conduit son interlocuteur, par le jeu des questions et des réponses, vers la définition d'une Idée. Elle se présente donc comme la critique et la réfutation, en apparence stérile, des opinions admises, avant d'apparaître, notamment dans *La République*, comme la voie presque mystique qui conduit par étapes à la découverte de vérités d'ordre supérieur.

ESSENCE

En grec *ousia*, l'essence, désigne ce qui fait la permanence d'une chose, sa nature *(phusis)*, par opposition aux accidents *(pathe)*, qui peuvent varier selon les circonstances. Elle se distingue également de l'existence de la chose. Une définition authentique doit faire saisir l'essence d'une chose, d'un être. Dans l'*Hippias majeur*, Socrate recherche, en vain, l'essence du beau (302c) et doit se contenter d'une succession d'exemples inadéquats.

IDÉE

L'Idée *(eidos)*, dans les dialogues platoniciens de la maturité, ne se confond pas avec une simple représentation mentale : elle est l'élément permanent, stable, objectif, que la pensée cherche à découvrir, à dévoiler, par le jeu des définitions et de l'argumentation dialectique. Elle acquiert peu à peu dans l'œuvre de Platon, et notamment dans *La République*, une réalité qui la situe au-delà du monde sensible, dans un monde intelligible, pur et permanent par rapport auquel le monde qui nous est donné par les sens, trop incertain et changeant, est ravalé au rang d'ombre et de reflet. Faut-il voir dans l'*Hippias majeur* un dialogue qui prépare directement cette quête de l'Idée ? Certains passages – par exemple 303a – le suggèrent. Platon lui-même, dans un important passage du *Phédon*, fait dire à Socrate, quand il expose la genèse de sa théorie, que « c'est par le beau que toutes les belles choses sont belles » (100d) : la définition du beau est sans doute la meilleure préparation qui soit à la recherche de l'Idée en général.

INDUCTION

L'induction est la voie par laquelle on peut espérer, en allant d'exemple en exemple, en examinant cas après cas, parvenir à une vérité plus générale. Elle s'oppose, par sa modestie, à la démonstration qui va, de manière certaine, des prémisses générales à une conclusion particulière. On en trouvera une illustration dans l'*Hippias majeur* (288b-288e) avec la succession des trois exemples de belle chose, (jument, lyre, marmite).

IRONIE

L'ironie est la principale arme rhétorique de Socrate dans les premiers dialogues de Platon. Elle prend souvent la forme d'une feinte adhésion aux opinions émises ou d'une admiration exagérée pour un propos, et doit aider l'interlocuteur à prendre conscience de la fausseté ou de l'absurdité de ses opinions. Elle a une fonction pédagogique et stimulante plus que négative. Dans l'*Hippias majeur*, cette ironie est très sensible dès l'ouverture, quand Socrate, avec emphase, vante les talents multiples du sophiste, et affirme qu'il est plus sage que les Sages des temps anciens, car, lui, sait tirer un profit pécuniaire de sa sagesse (283b). Hippias ne semble pas être sensible à l'ironie de Socrate, et paraît prendre ces compliments pour argent comptant. Mais peut-être veut-il éviter de contredire directement Socrate et accepte-t-il la règle du jeu du dialogue socratique, tout en montrant par instants, par la suite, qu'il n'adhère pas à ce que Socrate lui fait dire (285b).

PUISSANCE

La puissance (en grec, *to dunaton*, 295e) désigne à la fois la capacité de faire quelque chose, l'aptitude à produire un effet, et le pouvoir politique qui s'exerce dans la cité. Revenant sur ce qu'il voulait dire en définissant le beau comme le convenable, Socrate propose à ce point du dialogue de définir le beau comme l'utile ou l'avantageux *(to chresimon)*, et interprète tout de suite cet utile comme une puissance, autrement dit une aptitude à remplir une fonction. Est beau ce qui remplit bien sa fonction (par exemple l'œil qui voit). On trouvera dans le *Gorgias* une liste très semblable de belles choses utiles, de choses belles parce que utiles (474d). Mais le terme de puissance souffre d'une ambiguïté manifeste, car il ne désigne pas seulement la capacité de faire quelque chose, mais aussi, comme en français, le pouvoir politique. Les hommes qui ont le pouvoir sont-ils nécessairement utiles à eux-mêmes et à leurs concitoyens, se demande *La République*?

SOPHISTE

Les sophistes sont des professeurs qui prétendaient dispenser aux jeunes gens du monde grec une « sagesse » — le terme vient de *sophos*, habile, sage — consistant essentiellement en un savoir-faire technique, en un art, celui de la parole. Gorgias et Protagoras sont présentés dans les dialogues de Platon qui portent leurs noms comme des interlocuteurs dignes d'intérêt, notamment à cause de leur maîtrise du langage, mais aussi comme les adversaires par excellence de Socrate, et de pseudo-maîtres. Pourtant Socrate, aux yeux des simples Athéniens, comme dans les comédies d'Aristophane, pouvait aisément passer lui-même pour sophiste.

INDEX DES NOMS PROPRES

ANAXAGORE
(v. 500-428 AV. J.-C.)

Philosophe grec, né à Clazo-mènes, sur la côte ionienne mais installé à Athènes vers 475 av. J.-C. Il aurait compté parmi ses élèves Euripide et Périclès. Condamné à mort pour impiété, il mourut en exil à Lampsaque. Il avait fait de l'intelligence ou de l'esprit (en grec, *nous*) le prin-cipe qui anime et organise le chaos primitif de la nature. Comme les autres penseurs dits « présocratiques » – c'est-à-dire les penseurs grecs qui précèdent Socrate – il cherche une clef d'ex-plication unique du monde naturel, accessible à une réflexion à la fois philosophique et scien-tifique. Socrate aurait étudié un temps sa théorie (selon Platon dans le *Phédon*, 97c), mais, déçu par les aspects matérialistes de cette philosophie de la nature, il aurait cherché une autre manière de philosopher, une « seconde voie » fondée sur l'examen de l'âme par elle-même.

ARISTOTE
(384-322 AV. J.-C.)

Important philosophe grec, né à Stagire, en Macédoine, élève de Platon et précepteur d'Alexandre le Grand. Il a jeté les bases de la logique et de la méta-physique classiques.

BATTISTA, ALBERTI LEON
(1404-1472)

Humaniste et architecte florentin, théoricien des arts à la Renaissance.

FICIN, MARSILE
(1433-1499)

Humaniste italien, traducteur de Platon.

GORGIAS
(v. 487-v. 380 AV. J.-C.)

Sophiste grec, né à Leontium, en Sicile. Il aurait introduit la rhétorique sicilienne lors de son ambassade à Athènes en 427. Platon en fait l'un des interlocu-teurs privilégiés de Socrate dans le dialogue qui porte son nom et qui porte sur la rhétorique.

HÉRACLITE
(v. 540-v. 480 av. J.-C.)

Philosophe grec, né à Éphèse, surnommé l'Obscur dès l'Antiquité. Sa pensée, qui n'est connue que par des fragments, mais qui a influencé des philosophes modernes comme Hegel et Nietzsche, semble s'être développée autour de deux idées centrales : toute chose est soumise à la loi du mouvement et du devenir (« tout coule »), et ce devenir universel est régi par l'alternance de la concorde et de la discorde, du conflit, de la guerre. Sa philosophie de la nature admet le feu comme principe, et prévoit que le monde doit périr dans un ultime embrasement.

NICOLE, PIERRE
(1625-1695)

Écrivain, moraliste et professeur, proche des jansénistes et de Pascal. Il a écrit avec le théologien Antoine Arnauld (1612-1694) une *Logique* qui traduit la conception classique de la logique, telle qu'elle a été héritée d'Aristote – avec, notamment, la théorie du syllogisme –, mais en y introduisant l'exigence de clarté et de simplicité propre au cartésianisme.

PHIDIAS
(490-430 av. J.-C.)

Grand sculpteur de l'époque de Périclès. Il a exécuté notamment pour le Parthénon une colossale statue d'Athéna, en or et en ivoire.

PLOTIN
(v. 203-270)

Philosophe néoplatonicien de l'école d'Alexandrie, né en Égypte. Il a renouvelé dans l'enseignement qu'il a donné à Rome la pensée de Platon. Influencé par le mysticisme oriental, il insiste dans ses traités des *Ennéades* sur la faculté qu'a l'âme de revenir, par la contemplation et l'extase, vers l'Un qui est à la source de toutes choses. Les Pères de l'Église chrétienne, comme saint Augustin, se sont parfois inspirés de cette lecture de Platon, qui voit dans la création une chute et dans la matière le principe du mal.

PRAXITÈLE
(v. 390-v. 330 av. J.-C.)

Sculpteur athénien. On célébrait la grâce, la finesse et la vérité de ses œuvres, notamment de ses nus (dont l'Aphrodite de Cnide).

PRODICOS
(v. 460 av. J.-C.)

Sophiste grec, né dans l'île de Céos, disciple de Protagoras. Il apparaît dans plusieurs dialogues de Platon. Xénophon a conservé de lui l'apologue d'Hercule sollicité à la fois par le Vice et la Vertu.

PROTAGORAS
(v. 485-v. 410 av. J.-C.)

Sophiste grec, né à Abdère. Il apparaît notamment dans le dialogue de Platon qui porte son nom. Protagoras considère que toutes les connaissances proviennent des sens, ce qui revient à dire que les choses n'ont pas de nature propre, et ne sont pour chaque individu que ce qu'elles lui semblent être. Platon, dans le *Théétète*, un dialogue consacré à la définition de la science, ou de la connaissance vraie, met le relativisme de Protagoras en liaison avec la pensée d'Héraclite.

SOLON
(v. 640-vers 558 av. J.-C)

Un des Sept Sages de la Grèce, magistrat (archonte), et l'un des fondateurs de la démocratie athénienne.

XÉNOPHON
(v. 430- 355 av. J.-C.)

Homme politique, écrivain, né dans les environs d'Athènes, élève de Socrate dont il a laissé un portrait dans les *Mémorables*.

BIBLIOGRAPHIE

L'édition bilingue des œuvres complètes de Platon est disponible en 14 volumes aux Belles-Lettres. La plupart des œuvres de Platon ont également été publiées dans la collection GF-Flamarion.

Œuvres de Platon complémentaires à la lecture de l'Hippias majeur

Alcibiade

Apologie de Socrate
Traduction, notes et analyse Claude Chrétien,
coll. « Classiques et Cie Philosophie », Hatier.

Le Banquet
Traduction Tiphaine Karsenti, analyse Marianne Massin, coll. « Classiques et Cie Philosophie », Hatier.

Gorgias
Traduction, notes et analyse Bernard Piettre,
coll. « Classiques et Cie Philosophie », Hatier.

Ion

Lachès. Euthyphron

Lettres

Ménon

Phèdre

Protagoras

La République

Ouvrages critiques

ALEXANDRE, Michel, *Lecture de Platon*, coll. « Études supérieures », Bordas/Mouton, 1968.

CHÂTELET, François, *Platon*, coll. « Idées », Gallimard, 1965.

CANTO-SPERBER, Monique (direction), en collaboration avec J. Barnes, L. Brisson, J. Brunschwig et G. Vlastos, *Philosophie grecque*, coll. « Premier cycle », PUF, 1997.

EDMOND, Michel-Pierre, *Le Philosophe-roi*, coll. « Critique de la politique », Payot, 1991.

GOLDSCHMIDT, Victor, *Les Dialogues de Platon*, PUF, 1993.

GUTHRIE, W.C.K., *Les Sophistes*, Payot, 1991.

LACOSTE, Jean, *Philosophie de l'art*, coll. « Que sais-je ? », PUF, 1981.

MOREAU, Joseph, « Le platonisme de l'*Hippias majeur* », in Revue des Études grecques, n° 54, 1941, pp. 19-42.

ROBIN, Léon, *La Pensée grecque et les origines de l'esprit scientifique*, Albin Michel, Paris, 1973.

ROMEYER-DHERBEY, Gilbert, *Les Sophistes*, PUF, 1995.

VERNANT, Jean-Pierre, *Mythe et pensée chez les Grecs*, 2 tomes, coll. « Petite collection Maspero », Maspero, 1971.

WOLFF, Francis, *Socrate*, coll. « Philosophies », PUF, 1985.

Achevé d'imprimer par Maury à Malesherbes - FRANCE
Dépôt légal N° 92132 - Octobre 2008
N° d'imprimeur : 141193